JN013747

横山タカ子のお漬けもの

信州在住 料理研究家
横山タカ子

主婦と生活社

目次

本書の使い方

- 大さじ1は15mℓ、小さじは5mℓです。
- 火加減はとくに表記がない場合は、中火で調理してください。
- 保存期間、漬け込み期間は目安です。気温や環境によって変わります。常温保存になっているものでも、様子を見て、適宜冷蔵室に入れてください。
- 容器で保存するときは必ずふたをし、ボウルに入れておいておく場合やふたができない場合は、ラップやふきんなどをかけておくようにしてください。

はじめに

信州育ちの私は、子どものころからお漬けものに親しんできました。三度の食事にはもちろん、お茶の時間にもお漬けものがありました。すべて母の手作りです。その味を引き継いで、精進してきた私がいます。

冬が長く、その間野菜がとれない信州では、夏から秋にかけて収穫した野菜をいかに使い回すかを考え、お漬けものという保存食を作ってきました。同じ野菜でも、塩漬け、ぬか漬け、酢漬けと手を替え、味を変える工夫をする。そうした先人の知恵は、いまも私たちの暮らしを支えています。

お漬けもの仕事をしていると、季節のうつろいを肌で感じることができます。春が来ると喜び勇んで山菜摘みに出かけ、春の香りをビンに閉じ込め、夏には夏野菜をどっさりと買い込み、秋冬用のお漬けものにしたり。晩秋からは、春先まで食べ回すためのお漬けものを大樽に漬け込みます。

そうするうちに、よりおいしく簡単に作れるアイデアも次々に湧き、私のお漬けものは進化してきました。この本には、皆さんにお伝えしたいそんな技や味が盛り込まれています。

手作りするのも楽しく、味わう喜びが待っている、お漬けもののある暮らしをあなたも始めてみませんか？

よこ山タカ子

自分で作る漬けもののいいところ

- 身近な野菜と調味料で、簡単に作れる。
- 野菜がおいしくなり、たくさん食べられる。
- 乳酸菌やビタミン、ミネラル、食物繊維など栄養が豊富。
- 添加物なしだから安心。
- 季節を感じ、漬ける楽しみがある。

栄養があっておいしい その秘密は発酵

漬けものの材料となる野菜には、体の調子を整えるビタミンやミネラル、食物繊維などがたっぷり含まれています。そんな栄養素とともに、体によい働きをする「発酵」を利用しているのが、漬けものです。

塩漬けやぬか漬けは、塩の力で発酵が進み、乳酸菌が増えて酸っぱくなっていきます。この乳酸菌は腸内環境を整え、病気のもとを断つといわれてい

ます。また、しょうゆやみそ、酒粕に漬けると、その成分である大豆や糀の栄養もいっしょに摂ることができ、ますます健康に近づけます。

漬けものは、すぐれた栄養食品であり、健康食品なのです。

塩分を気にする向きもありますが、きちんと計量して使えば大丈夫。それに、漬けものの野菜に含まれるカリウムには塩分を体の外へと流してくれる働きもあります。

では、漬けものをおいしいと感じるのはなぜでしょう。塩漬けなど乳酸菌発酵するものは、酸っぱくなって初めておいしくなります。しょうゆ漬けやみそ漬け、酒粕漬けなど、原料に糀が入っているものは、糀菌が発酵して酵母をつくり、うま味が増します。つまり、発酵という作用自体がおいしさの素なのです。発酵は、ゆっくりと進むので、そのときどきで酸味やうま味の違う漬けものが楽しめます。

毎日の食卓に、手作りの漬けものを添えて、おいしくいただいているうちに、いつのまにか健康になる。まさに一石二鳥ですね！

季節とともにある
漬けもの仕事の楽しみ

　かつては冬に野菜がとれなかった信州も、ハウス栽培や冷蔵施設が発達したいまでは、一年中いろいろな野菜が売られています。農業が盛んなので、野菜の種類も豊富。長野県はなんと、野菜の消費量が日本一なのです。それは、漬けものが好きだからなのでは？と、私はひそかに思っているのですが。

　野菜は一年中ある、といっても、漬けものにはやはり、旬の野菜を使うのがいちばん。みずみずしい甘味やうま味を漬けものにすれば、栄養もたっぷりのおいしさが味わえます。

　だから私は季節の野菜を求めて、少し離れた道の駅までよく買い出しに行きます。途中にある田畑の側道や小川のせせらぎ、山の斜面にも目を走らせ、野草や山菜を探すのも楽しみのひとつです。

　当然、季節の移り変わりにも敏感になります。待ちに待った春先には、もうそろそろ、たらの芽が出るかしら、たけのこ掘りに行かなくては、など

と、気ぜわしくもワクワクしながら過ごします。夏の梅仕事では毎年梅を１００kg漬けるのですから、大変な肉体労働です。冬は冬で、野沢菜が霜に当たっておいしくなるタイミングを見計らい、漬けもの小屋を掃除したり、たくあん漬けの材料を注文したりと、てんてこ舞いです。

それでも体にいい漬けものを食べているせいか、体調をくずしたことはなく、快調そのもの。季節ごとの漬けもの暮らしを続けられる幸せを、心いっぱいに感じています。

愛用している漬けものの道具

毎年たくさんの漬けものを作っているうちに、お気に入りの道具も増えてきました。その一部をご紹介します。

道具は、食材と漬け方、量によって選び、様々なものがあるので、お好みで使い分けてください。

容器の素材は、塩や酸に強いホウロウや陶器、ガラス製がおすすめ。あらかじめよく洗い、煮沸消毒します。大きなものは熱湯をかけ、日光に当てて乾かしてから使います。

重石は、材料を調味液に浸すために使用します。漬ける食材の3倍の重さが目安です。早く漬けたいときほど重くし、水が上がってきたら軽くします。

【保存容器】

ホウロウ角型ふたつき／3ℓ　漬け床を入れて漬けるもののほか、しょうゆ漬けや塩漬けにも。

ホウロウ角型ふたつき／5.8ℓ　ぬか漬けや酒粕漬けなど、漬け床を入れて多めに漬けるのに便利。

ホウロウ丸型ふたつき／6ℓ　葉野菜をU字に曲げて漬けるのに最適。白菜なら2株漬けられる。

陶器角型／4ℓ　漬け床を使う漬けものや、野菜を長いまま塩漬けにしたい場合にも。

陶器角型／0.8ℓ　菜の花など野菜の形を保って漬けたいとき、すき間なく詰められる。

昔ながらの陶器のかめ／2ℓ　ぬか漬けや酒粕漬け、梅干しなど、室温で保存するときに。

ガラスびん角型／2ℓ　らっきょう漬けや梅の砂糖漬けなど、中の状態を見たいものに合う。

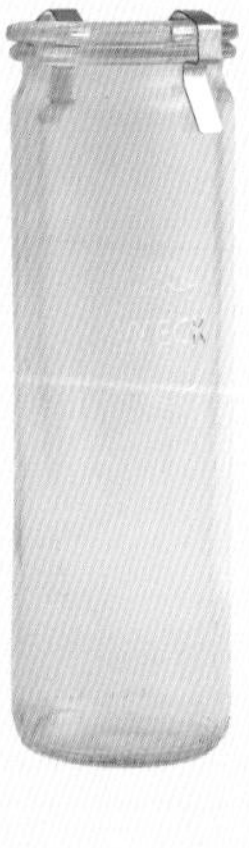

ガラスびん筒型／1ℓ　細長い野菜の甘酢漬け、小梅のさしす漬けなど、汁けの多いものに使う。

【重石】

河原などで見つけてきた平たい石をよく煮沸消毒して利用。2～3個を重ねたり、市販品と合わせて、重さを調節。

陶器製丸型／右1kg・左1.2kg　市販の重石はいろいろな重さがあり、底が平らなので押しやすい。ぴったりの重さのものがなければ、少し重めのものを使用。

適当な重石がないときは、皿を数枚と、その上にビンをのせ（水を入れても）、重さの調節をする。

少量を漬けるときは、重石の代わりに、皿を数枚重ねて使用。皿が押しぶたの役目もする。

木製押しぶた／直径21cm　均等に重石の圧をかけるために使用。重石だけで均等に材料が押さえられるようなら、不要。

【はかり】

昔から愛用している5g単位で2kgまで量れるバネ式タイプ。野菜などの重さを量る時に使用。

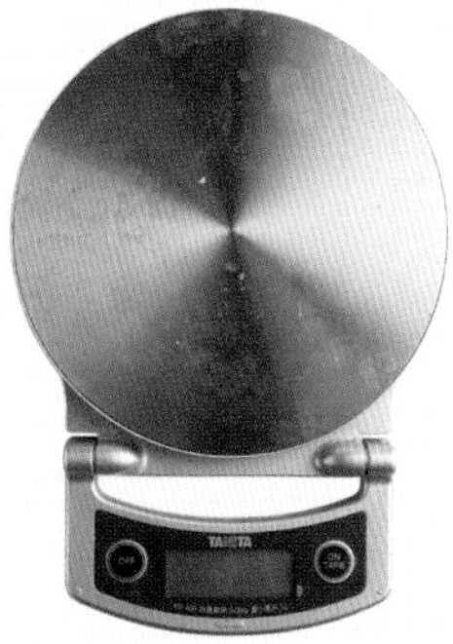

1g単位で2kgまで量れるデジタルタイプ。ボタンひとつで容器の重さを差し引くこともでき、調味料など少量でも量りやすい。

【ボウル】

ガラスボウル／1.2ℓ　少量の食材を混ぜ、そのまま漬けるときに。重石は皿で代用する。

ガラスボウル／2ℓ　食材に調味料を入れ、混ぜるのに最適。そのまま重石をして漬けてもいい。

漬けものがおいしくできる 調味料

漬けものは、できるだけ上質の調味料を使うことが、おいしく漬ける秘訣。食品表示ラベルの原材料を見て、余分な添加物が入っていないかどうか、確かめましょう。

塩はミネラル分が豊富な自然塩を、砂糖は赤っぽい色をした未精製のものを選んでいます。酢やしょうゆ、みりんは、素性のわかる原料だけで作られたもの、みそはある程度の時間をかけて熟成させたものがおすすめです。ていねいに作られた調味料は雑味がなく、野菜の持ち味を引き出してくれます。

【塩】

漬けものには、粗塩の自然塩が最適。ミネラル分が豊富で味に深みが出る。これは、海藻に海水を含ませ、塩分を取り出した藻塩／中浜観光物産

【砂糖】

砂糖は酒粕床や甘酢などに使用。さとうきびを原料としたコクとうま味がある砂糖を使いたい。結晶の粒が粗い、ざらめ糖もおすすめ。喜界島双目糖／松村

【しょうゆ】

素材の色を生かしたいときは、薄口しょうゆを使用。添加物不使用。丸大豆仕込みの本醸造純正醤油うすくち／丸島醤油

大豆、小麦、塩だけを原料として熟成させたものは味も香りも極上。国産有機しょうゆ／丸島醤油

【酢】

醸造アルコールを使用せず、米だけを原料とした純米酢がベスト。国内産有機純米酢／純正食品マルシマ

【料理酒】

塩などの添加物が入っておらず、普通に飲んでもおいしいものがいい。福来純米料理酒／白扇酒造

【みりん】

もち米、米糀、本格焼酎を混ぜて糖化させて作る、本みりんを。三年熟成福来純本みりん／白扇酒造

【糀（麹）】

漬けものには、糀で甘糀や塩糀、しょうゆ糀を作って使用することが多い。これは板状の乾燥糀。みやここうじ／伊勢惣

【みそ】

大豆と糀、塩のみが原料で、発酵止めの酒精が入っておらず、自然に熟成させたものを。門前みそ こがね／酢屋亀本店

【酒粕】

酒粕は日本酒のしぼりかす。板粕と練り粕（写真）があり、漬けものには熟成させた練り粕を使用。酒屋、スーパーで購入。

【煮干し】

だしにもなり丸ごと食べられる小ぶりの煮干しを使う。塩が添加されていないものに。健康たべる小魚／サカモト

第1章
定番のお漬けもの

漬けものといえば、誰もが思い浮かべる、ぬか漬けや梅干し、白菜漬け、酒粕漬け。
そんな、定番の漬けものがおいしくできるコツをご紹介します。
試してみれば意外に簡単で楽しく、手作りの味は一度食べれば、そのよさを実感できることでしょう。
ぬか床いらずのぬか漬け、失敗しない梅干しなど、私の長年の経験から生まれた
アイデアもぜひ、お試しください。また、できあがったお漬けものは、そのままはもちろん、
〝調味料〟として、お料理に活用するのもおすすめです。
漬けものの風味で、味も決まり、他の調味料はほとんどいりません。

ぬか漬け

ほどよい酸味と香りが食欲を刺激する、代表的な漬けもの。
春に作り始めると、乳酸菌が盛んに発酵する夏においしくなり、秋まで楽しめます。
まずは、ぬか床作りから、捨て漬け、本漬けとプロセスをおってご紹介します。

1. ぬか床を作る

ぬか床は、ぬかに塩を混ぜ、
水を入れて練ったもの。
風味をつける材料を加えると、
より発酵が進み、おいしさ倍増。
ふたをして涼しい場所に置き、
毎日混ぜてあげましょう。

材料（作りやすい分量）

米ぬか（生）…1kg
塩…150g
いり大豆（大豆をから煎りしたもの）
…20g
昆布…5×15cm1枚
赤唐辛子…2本
水…800mℓ

【容器容量】**4ℓ**
【保存期間】**すぐに食べる**

作り方

1 大きめのボウルにぬかを入れ、塩を数回に分けて加え、そのつどよく混ぜる。

2 分量の水を少しずつ加え、手で混ぜながら水分をぬかに吸わせる。

3 さらに、ギュッギュッとこねるようにして混ぜ、全体に水分をいきわたらせる。

4 両手でぬかをつかみ、指の間からにゅっと出るくらいのやわらかさにする。

5 ぬか床を数回に分けて容器に移し、そのつど空気が入らないようにギュッと押さえる。

6 いり大豆、昆布、赤唐辛子を加え、風味をつける。

2. 捨て漬け

1日に1回、野菜を取り替え、これを3〜4日続け、ぬかの発酵を促します。捨て漬け用の野菜はキャベツの外葉、大根のしっぽなどを利用。まろやかな味のぬか床になり、おいしく漬かる準備が整います。

材料

捨て漬け用の野菜…適量
（ぬか床1kgに対してくず野菜250gが目安）

作り方

1 ぬか床の中央をくぼませ、捨て漬け用の野菜を入れる。

2 ぬかをかぶせ、表面をならしてふたをし、常温で半日〜1日おいて取り出す。これを3〜4回繰り返す。野菜を食べてみて、おいしくなっていたら、ぬか床は完成。

3. 本漬け

いよいよ本漬けです。一度に漬ける量が多すぎないよう、1日で食べきれる分を、できれば毎日漬けましょう。ぬかに含まれるビタミン類と野菜の栄養がしっかり摂れます！

材料（作りやすい分量）

きゅうり…2本
なす…2本
にんじん…½本
塩…小さじ½

作り方

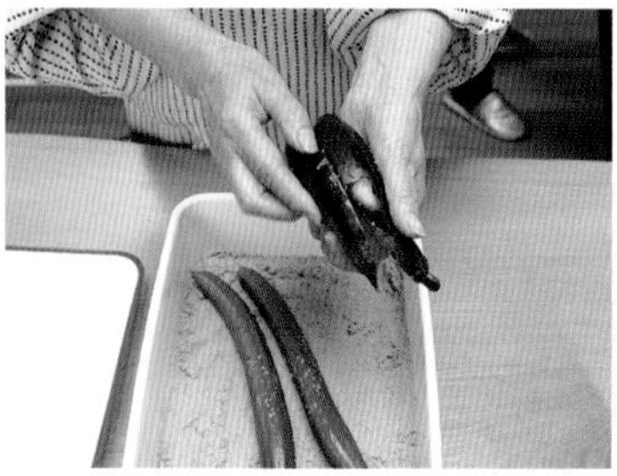

1 きゅうりは丸ごと、なすとにんじんは縦半分に切り、表面に塩少々ずつをすり込む。最初の数回は、ぬか床の塩分が濃いので塩を省いてもよい。

2 ぬか床に野菜を入れ、床の中にギュッと埋める。

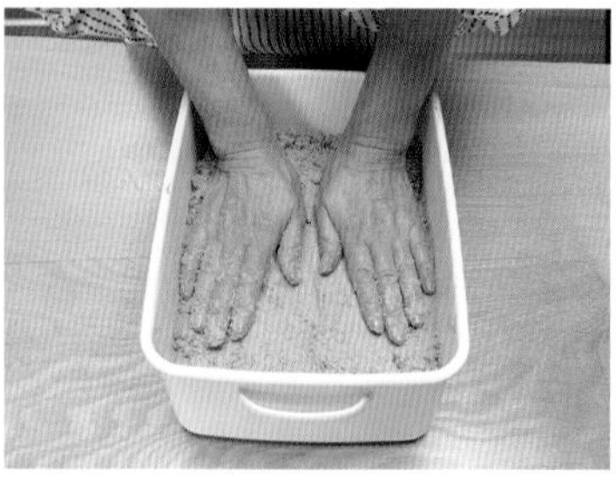

3 野菜が隠れるように表面をならしてふたをする。5〜7時間以上おいておく。食べるときは、ぬかをさっと洗い流し、食べやすい大きさに切る。

風味づけの材料は途中で入れても！

にんにくや陳皮（乾燥したみかんの皮）など、香りや風味のつくものを追加すると、さらにおいしくなる。

Q&A

Q1
ぬか床の毎日のお世話はどうする？

A ぬか床は、漬けないときでも朝晩の2回、最低でも1日1回はかき混ぜましょう。かき混ぜることでぬか床の中のいろいろな菌の増殖を調整します。そのままにしておくと、いやな臭いの原因にも。

Q2
ぬか床が水っぽくなったらどうする？

A 野菜から出る水分でぬか床が水っぽくなったら、米ぬかを足してよく練り混ぜます。また、切り干し大根をガーゼで包んで入れておけば、水分を吸って、切り干し大根はおいしいぬか漬けに。

Q3
白いカビのようなものは取らなくて大丈夫？

A 表面がうっすら白くなっているのは、カビではなく産膜酵母。そのままぬか床に混ぜてもかまいません。多くついてしまったら、スプーンなどで取り除いて。黒カビや赤カビは有害なので取り除くか、ひどい場合はあきらめて作り直します。

Q4
家を不在にするとき、長期休ませるときは？

A 1週間くらいなら、容器ごと冷蔵室に入れておきます。容器が大きい場合は、保存袋に移して。長期間休ませるときは、ぬか床を保存袋に入れ、冷凍します。使うときは自然解凍して。また、暑い時期に発酵が進みすぎ、酸味がきつくなってきた場合も、一度冷蔵室へ入れてぬか床を休ませましょう。

ぬか袋漬け

野菜を2%の塩で即席漬けにしたあと、ぬか袋をのせて、ぬかの風味を野菜に移します。ぬか床を作らなくても、さわやかなぬか漬けがいただける、手軽さが魅力です。

キャベツの切り漬け

材料（作りやすい分量）

キャベツ…700g
塩…14g（キャベツの2%）
米ぬか（生）…100g

【容器容量】**3ℓ**
【保存期間】**すぐに食べる**

Q&A

Q1 ぬか袋の作り方は？

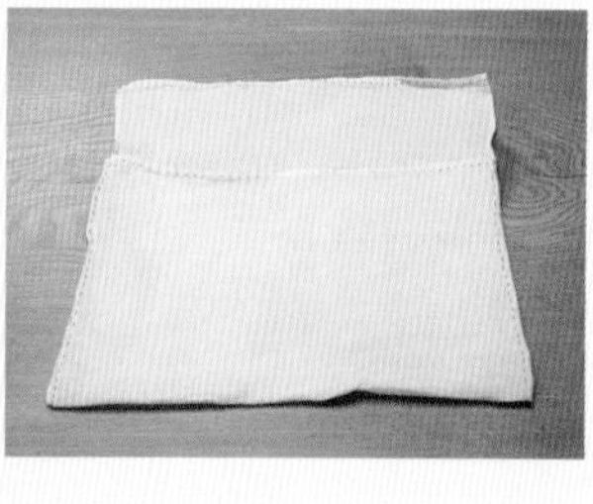

A 長さ60㎝のさらしを2つに折り、両端を縫います。そのとき、片方を8㎝長くとり、折り返し部分を作っておきます。ぬか袋が作れないときは、二重にしたガーゼにぬかを入れ、折りたたむだけでも。

作り方

1 キャベツはひと口大のざく切りにし、ボウルに入れる。塩をふり、しっかりもみ込む。

2 2.5kgの重石をのせ、そのまま30分〜1時間おく。

3 水が上がってきているかを確認する。水が上がっていなかったら、もう少しおいておく。

4 ぬか袋を水にぬらしてしぼり、ぬかを入れる。ぬかがこぼれないように口を折り返す。

5 キャベツの上にぬか袋をのせ、ボウルの口をおおうように整える。

6 2.5kgの重石をのせ、常温で6時間おけば完成。

Q2

ぬか袋のぬかは何回で取り替える？

A 基本的には取り替える必要はありません。漬けているうちに汁が塩分を吸って白濁し、風味が抜けたら、ぬかを足してください。

ぬかふりかけ漬け

野菜に塩をまぶしたあと、ぬかをふりかけて漬け込む、ぬか床いらずの簡単ぬか漬け。半日くらいから食べられ、サラダのようなシャキシャキした食感が楽しめます。

こんな素材でも ぬか漬け

かぶ、かぶの葉、りんご、セロリ、ラディッシュを彩りよく盛り合わせ。本格漬け、ぬか袋漬け、ふりかけ漬けのどれでも、おいしさが味わえる。

大根の割り漬け

材料（作りやすい分量）
大根…800g（約30㎝）
りんご…1個
赤唐辛子…3本
米ぬか（生）…100g
塩…大さじ2強

【容器容量】**2ℓ**
【保存期間】**すぐに食べる**

作り方

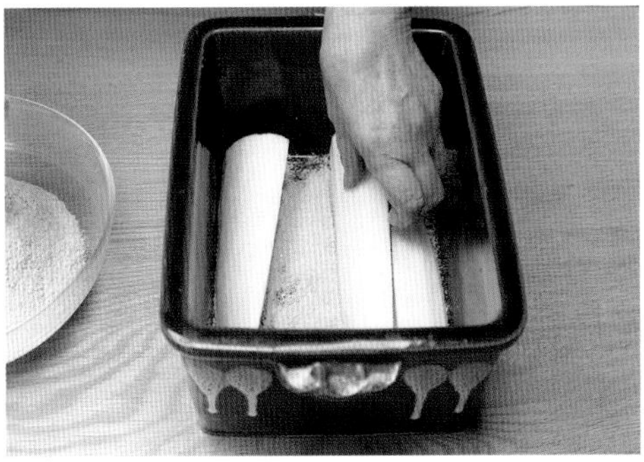

1 大根は皮をむき、半分の長さの縦4つ割りにする。りんごは縦半分に切り、薄切りにする。容器の底にぬかを薄く敷き、大根を並べる。

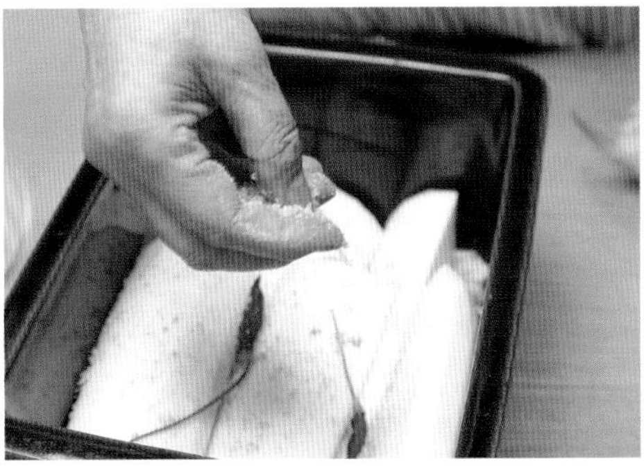

2 赤唐辛子を加え、全体に分量の塩をふりかける。

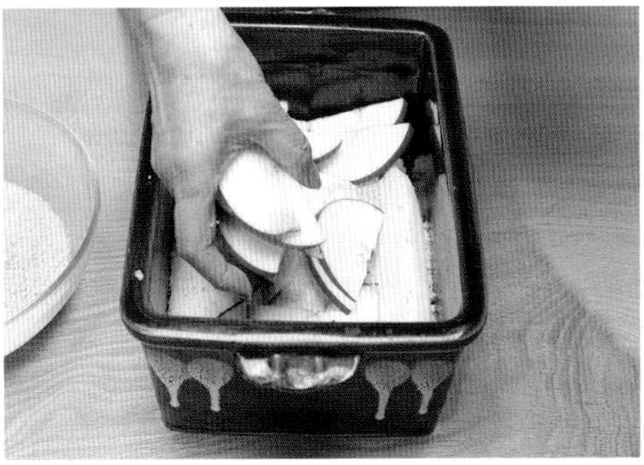

3 りんごを大根の上に敷き詰める。

4 ぬかをりんごがすっかり隠れるようにふりかける。

5 押しぶたをし、3kgの重石をのせる。ぬかが水分を含んでしっとりしたら、重石を半分の重さに減らす。常温で6〜8時間おき、ぬかの風味がついたら完成。お好みでりんごも食べて。

【ぬか漬け】で作る

ほたてのぬか漬けあえ

ぬかの風味とほのかな塩味をお刺身の味つけに。
ぬか漬けはお好みのもので、薄切りやみじん切りにして合わせます。

材料（2人分）

ほたて貝柱（刺身用）…100g（6個）
ラディッシュのぬか漬け（p.22）…2個
セロリ、大根、りんご、
きゅうりのぬか漬け（p.18、p.22）の粗みじん切り
…各大さじ1

作り方

1 ほたては薄切りにする。

2 ラディッシュのぬか漬けは薄切りにし、葉はみじん切りにする。

3 **1**と**2**を混ぜ合わせ、ぬか漬けの味をほたてになじませる。

【キャベツの切り漬け】で作る

豚とキャベツの切り漬け炒め

漬けものは、炒めることで水分が飛び、
油がからんでひと味違うおいしさに。
豚肉との相性もよく、メインのおかずにも。

材料（2人分）

豚ロース薄切り肉…100g
キャベツの切り漬け（p.20）…200g
菜種油…大さじ1
粗びき黒こしょう…少々

作り方

1 豚肉はひと口大に切る。キャベツの切り漬けは水けをよくしぼる。

2 フライパンに油を熱し、豚肉を炒める。肉の色が変わってきたら、キャベツの切り漬けを加えて、炒め合わせる。仕上げに黒こしょうをふる。

【大根の割り漬け】で作る

大根の割り漬けサーモン巻き

漬けものの塩けで刺身をしめると、しょうゆは不要。
大根のほどよい歯ごたえとサーモンのやわらかさ、
2つの食感をいっしょにどうぞ。

材料（2人分）

大根の割り漬け（p.23）…1本
サーモン（刺身用ブロック）…150g

作り方

1 大根の割り漬けは縦薄切りにし、帯状にする。サーモンは縦半分に切る。

2 巻きすに大根の薄切りを縦方向に3〜4枚敷き、サーモン1切れをのせて巻く。これを2本作る。

3 **2**を2cm長さに切り、盛りつける。あれば長ねぎのせん切り適量（分量外）を添える。

梅干し

保存性が高く、毎日の料理に応用できて、体にもよい梅干し。
まずは、食べやすく、誰が作っても失敗しない「さしす梅干し」から、お試しください。
梅干しができたあとの梅酢も、手作りならではの楽しみです。

さしす梅干し

砂糖（さ）と塩（し）、酢（す）を入れるだけの簡単梅干しです。塩漬けしないので、カビの心配は無用。梅の香りがする漬け汁も、余さず利用して！

1. 漬ける

材料（作りやすい分量）
完熟梅…1kg
砂糖…300g
塩…100g
米酢…800mℓ

【容器容量】2.5〜3ℓ
【保存期間】冷暗所1〜2年

作り方

1 容器はきれいに洗って乾かし、酢適量（分量外）で湿らせたふきんで内側をふいておく。梅は水洗いし、乾いたふきんで水けをやさしくふく。竹串でなり口を取り、容器に入れる。

2 塩と砂糖を加える。

3 酢を回し入れる。塩と砂糖を梅の間に落とすようにして、底のほうに沈める。

4 ふたをして、冷暗所に2週間以上、土用干しができるまでおいておく。ときどき容器を軽くふると、塩や砂糖が溶けやすくなる。

2. 土用干し

四季の節目、夏の土用に入ったころに、一年中でいちばん強い日差しを利用して「土用干し」を行います。さしす梅干しもこれで一段とおいしくなります。

作り方

1 梅雨が明けた土用（7月20日ごろ）の、晴天が続く日に梅を容器から取り出し、ざるに移して汁けをきる。実をくずさないように、木のスプーンなどで1個ずつていねいに。漬け汁は別の容器に入れて保存し、調味液として活用する。

2 梅を平たいざるに並べ、1日に1回、裏返して三日三晩天日に干せば完成。雨が降りそうな日は取り込み、再び晴天の日に天日に干す。その後は容器に入れて保存する。

さしす小梅干し

小梅でも普通の梅と同様に、
さしす梅干しができます。
少量でも作っておけば、
お弁当やお茶請けに重宝。
食卓の常備菜としても活躍します。

材料（作りやすい分量）
完熟小梅…500g
砂糖…150g
塩…50g
米酢…400mℓ

【容器容量】**1.5～2ℓ**
【保存期間】**冷暗所1～2年**

作り方

1 小梅は流水できれいに洗い、ざるに上げる。容器はきれいに洗って乾かし、酢適量（分量外）で湿らせたふきんで内側をふく。

2 乾いたふきんで小梅の水けをやさしくふく。なり口は取らなくてもOK。

3 容器に小梅を入れ、塩と砂糖を加える。

4 酢を注ぎ、ふたをする。ときどき容器を軽くふる。冷暗所に土用のころまでおき、さしす梅干しと同様に三日三晩干す。干さずに食べてもよい。

赤じそ梅干し

昔ながらの赤くて酸っぱい梅干し。
初めに塩で下漬けをしてから、
赤じそで染め、土用干しをします。
保存はビンやかめに入れ、涼しい所で。

材料（作りやすい分量）
完熟梅…1kg
塩…150g
赤じそ…正味100g

【容器容量】**2ℓ**
【保存期間】**冷暗所2〜3年**

作り方

1 梅は6時間ほど水につけてアクを抜く。乾いたふきんで水けをやさしくふく。竹串で梅のなり口を取り、塩をまぶしながら容器に入れる。最後は多めに塩をふるようにする。

2 押しぶたをし、3kgの重石をのせてふたをする。水が上がるまで冷暗所に1週間おいておく。この水を白梅酢といい、150mℓを赤じそ用に取り、残りは別の容器に入れて保存し、調味液として活用する。

3 赤じそはよく洗って水けをきり、ボウルに入れる。**2**の赤じそ用の白梅酢半量をかけ、ギュッギュッと強くもむ。

4 濃い紫色の汁が出たら、しっかりしぼり、汁は捨てる。ここへ残りの白梅酢を入れて、もう一度強くもみ、汁けをしぼる。

5 **4**の赤じそを、**2**の梅の上下に入れて500gの重石をのせ、ふたをして土用（7月20日ごろ）の晴天が続く日まで冷暗所においておく。

6 梅とよくしぼった赤じそをさしす梅干し（p.28）と同様に三日三晩干す。梅酢は別の容器に入れて保存し、調味液として活用する。

Q&A

Q1
赤じそ梅干しの塩分は減らせる？

A 塩分が少ないと、下漬けの段階でカビが生えやすくなります。最低でも13%は必要で、15%が適量です。小梅の場合は10%くらいでもいいのですが、その場合はカビに注意してください。

Q2
梅を塩漬けにしたらカビが生えた……

A 塩の分量が少なかったり、湿気の多い場所に置いておくと、カビが生えることがあります。ぽつんと白いカビがついた梅は、すくい取りましょう。最初に焼酎で梅をふいておくのも手です。

Q3
赤じそを入れない梅干しの作り方は？

A 赤く染めなくても、おいしい梅干しができます。梅を塩で漬けるところまでは赤じそ梅干しと同様にし、土用のころに、そのまま天日に三日三晩干します。干すとほんのり赤みがつきます。

Q4
さしす梅干しも日がたつとおいしくなくなる？

A 甘酸っぱいさしす梅干しは、干すことによってさらに甘味が凝縮されます。梅干しと漬け汁を分けて保存すれば、日がたってもおいしさは変わらず、むしろまろやかな味になります。

Q5
さしす梅干しは干さなくても大丈夫？

A 梅を甘酢で漬けるので、土用干しせずに食べられるのもさしす梅干しの魅力。干した梅とはまた違うジューシーな味わいです。しかし、漬けっぱなしにしていると実がくずれてくるので、早めに食べきります。長期保存したい場合はやはり、干したほうがいいでしょう。

冷凍梅の砂糖漬け

完熟梅が多めに手に入ったら、一部を冷凍。
そのまま砂糖を加えるだけで、
果汁がよく出て、ジューシーな砂糖漬けに。

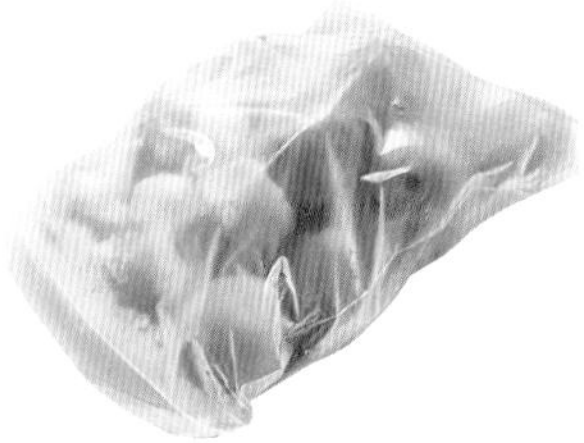

梅は洗って水けをふき、竹串でなり口を取る。保存袋に入れ、冷凍しておく。

作り方

1 凍ったままの梅と砂糖を交互に容器に入れる。

2 ふたをして常温で2〜3日おくと砂糖が溶けてくるので、ときどき容器をふって梅の果汁と混ざり合うようにするとよい。さらに常温で10日くらいおくと完成。シロップは炭酸などで割り、ドリンクに。

材料（作りやすい分量）

冷凍した完熟梅…500g
砂糖…150g（梅の30%）

【容器容量】**1ℓ**
【保存期間】**常温3か月**

冷凍梅のみそ漬け

梅が解凍されるのと同時に、果汁がみそに溶け出し、
うま味と酸味がほどよくブレンド。
そのまま食べても、梅風味の調味料としても。

材料（作りやすい分量）

冷凍した完熟梅…500g
みそ…500g
砂糖…300g

【容器容量】**1.5～2ℓ**
【保存期間】**常温3か月**

作り方

1 みそに砂糖を加え、よく練り混ぜる。

2 容器に**1**のみそを薄く敷く。

3 梅と**1**のみそを交互に入れていく。最後に表面をみそでおおう。ふたをして常温で1週間ほどおくと、みそと梅の果汁が混じり合い、さらに10日くらいおくと完成。みそは甘みそとして田楽などに使える。

あんずのさしす漬け

梅より酸味が少なく、甘味のあるあんず。少量の「さしす」で種ごと漬け込み、干さずにそのまま保存。さっぱりした口当たりです。

作り方

1 あんずは水洗いし、乾いたふきんで水けをふく。ボウルに入れて塩をふり、全体を混ぜて塩をなじませ、手で半分に割る。

2 1kgの重石をのせて、8時間おき、水分を出す。

3 容器に砂糖とあんずを交互に入れ、酢を注ぎ入れる。ふたをして冷暗所で1か月おくと完成。

材料（作りやすい分量）

あんず…1kg
塩…30g
砂糖…130g
酢…100mℓ

【容器容量】**2ℓ**
【保存期間】**冷暗所6か月**

【さしす梅干し】で作る

さしす梅干し炊き込みごはん

種ごと炊き込み、梅の風味をしっかりつけます。
食欲をそそる甘酸っぱさが暑い季節にぴったり！　お弁当にも最適です。

作り方

1 米は洗って30分浸水させ、水けをきって炊飯器に入れ、水、さしす梅干しを入れて炊く。

2 炊き上がったら実をほぐしながら混ぜる。種を取り除き、器に盛る。

材料（2～4人分）

米…2合
水…200mℓ
さしす梅干し（p.28）…6個

【さしす梅酢】で作る

さしす焼きそば

さしす梅酢のほかは調味料不要。
あっさりした味つけだからモリモリ食べられ
野菜や肉もおいしい！

材料（2人分）

蒸し焼きそば…2玉
牛こま切れ肉…100g
キャベツ…1枚（50g）
長ねぎ…1本
しいたけ…2個
さしす梅酢（p.28）…大さじ3
菜種油…大さじ1

作り方

1 キャベツはざく切りにする。長ねぎは斜め薄切り、しいたけは軸を切って細切りにする。

2 フライパンに焼きそばを入れ、水少々（分量外）を加えてほぐし炒め、いったん取り出す。

3 フライパンに油を熱して牛肉を炒め、**1**を加えて炒め合わせる。

4 **2**の焼きそばを戻し入れて炒め合わせる。さしす梅酢を回しかけて調味する。

【さしす梅酢】で作る

さしす豆乳カッテージチーズ

酢の働きで乳成分を固める即席チーズ。
さしす梅酢と豆乳を使って、まろやかな味に。
ざるの代わりにコーヒーフィルターで
濾しても作れます。

材料（2〜4人分）

豆乳…400㎖
さしす梅酢（p.28）…大さじ2
好みのパン…適量

作り方

1 鍋に豆乳を入れて熱し、ふつふつしてきたら火を止め、さしす梅酢を入れてかき混ぜる。

2 分離してきたら、ボウルの上にざるをおき、キッチンペーパーを重ね、**1**を注いで濾す。器に盛り、パンを添える。

【さしす小梅干し】で作る

いわしの小梅干し煮

梅のさわやかな風味がいわしのうま味を引き立てます。
汁を煮詰め、甘めに仕上げて。

作り方

1 いわしは頭を切り落とし、内臓を除く。流水でさっと洗って水けをふく。

2 鍋にみりん、しょうゆ、水を入れて熱し、煮立ったら、**1**のいわしとさしす小梅干しを入れ、6分ほど煮る。

3 いわしに火が通り、汁けが半量くらいになったら火を止める。器に小梅干しとともに盛りつける。

材料（2人分）

いわし…2尾
さしす小梅干し（p.29）…2個
みりん…大さじ3
しょうゆ…大さじ1
水…100mℓ

【赤じそ梅干し】で作る

大根のしそ梅あえ

梅干しの酢っぱさが大根と好相性。
大根は塩でしんなりさせ、
赤じそも加えて、彩りよく盛りつけます。

材料（2人分）

大根…100g
赤じそ梅干し（p.30）…1個
塩…2g（大根の2%）

作り方

1 大根は4㎝長さの薄い短冊切りにし、塩をふって20分ほどおく。水が出てきたら、よくしぼる。

2 赤じそ梅干しの実をほぐし、種ごとボウルに入れて**1**とあえる。種を取り除き、器に盛り、赤じそ少々（分量外）を散らす。

【冷凍梅の砂糖漬け】で作る

柑橘と梅のマリネ

甘く漬け上がった梅は
フレッシュな柑橘類と合わせただけで立派なデザートに。
濃厚な梅シロップをかけていただきます。

材料（2人分）

文旦…½個
冷凍梅の砂糖漬け（p.32）…2個
冷凍梅の砂糖漬けシロップ（p.32）…適量
ミントの葉…少々
＊文旦を甘夏みかんやグレープフルーツにしてもよい。

作り方

1 文旦は皮をむき、袋から身を取り出す。

2 冷凍梅の砂糖漬けと**1**を器に盛り、砂糖漬けのシロップをかけ、ミントの葉を飾る。

【冷凍梅のみそ漬け】で作る

冷凍梅のみそのせ冷ややっこ

梅の汁けで、とろ～りとなったみそは
豆腐や野菜のたれにぴったり。
梅風味の調味料としても、幅広く使えます。

材料（2人分）

豆腐…½丁（100g）
冷凍梅のみそ漬けのみそ（p.33）…大さじ2
長ねぎの小口切り…少々

作り方

1 豆腐は4等分して2切れずつ器に盛る。

2 冷凍梅のみそ漬けのみそを豆腐にかけ、長ねぎをのせる。好みでみそ漬けの梅をつぶし、果肉をみそに混ぜてもよい。

【あんずのさしす漬け】で作る

鶏のソテー あんずのさしす漬け添え

あんずのフルーティーな風味は鶏肉と相性抜群。
さしす漬けの漬け汁の効果で
お肉がやわらか、ジューシーに。

材料（2人分）

鶏もも肉…160g
あんずのさしす漬けの漬け汁（p.34）…大さじ3
かぶ…½個
あんずのさしす漬け（p.34）…2個
菜種油…少々

作り方

1 鶏肉はひと口大に切り、あんずのさしす漬けの漬け汁をかけて5分おく。かぶは半分に切り、1cm厚さにする。

2 フライパンに油を熱し、汁けをふいた鶏肉を皮目から焼く。焦げ目がついてきたら裏返し、かぶを入れていっしょに焼く。

3 器に盛り、あんずのさしす漬けを添える。

白菜漬け

冬に甘味を増す白菜は、塩漬けにして発酵味を出し、食卓の常備菜に。
ひんやりとした食感が温かいごはんによく合い、箸休め、お酒の友にもおすすめです。
手軽な切り漬けや、キムチ風に味をつけてもおいしく、アレンジ力も抜群！

白菜の塩漬け

白菜は新鮮なものを選び、丸ごと使います。4つ割りにして塩をふり、昆布と赤唐辛子で風味をつけるシンプルな漬け方です。漬け上がったら冷蔵室へ。

材料（作りやすい分量）

白菜…2株（4kg）
塩…80g（白菜の2％）
昆布…10×10cm4枚
赤唐辛子…3本

【容器容量】**6ℓ**
【保存期間】**冷蔵1か月**

作り方

1 白菜は根元の裏に十文字の切り込みを入れ、4つ割りにする。根元の芯の間に塩をすり込み、残りの塩は全体にふりかける。

2 白菜の根元と葉先が互い違いになるように容器に重ね、昆布、赤唐辛子をのせる。

3 表面が平らになるように手で押し、押しぶたをして、さらに体重をかけて押す。

4 12kgの重石をのせ、常温で3日ほどおく。

5 水が上がって白菜がしんなりしたら完成。2週間くらいは常温で保存し、酸っぱくなってきたら冷蔵室で保存する。

白菜の切り漬け

少量を切って漬ける方法なら、ひと晩で漬け上がります。
切り昆布をもみ込んで、コクをつけ、ゆずの香りをプラス。
塩漬けとはまた違う味わいです。

材料（作りやすい分量）

白菜…¼株（500g）
塩…10g（白菜の2%）
切り昆布…10g
赤唐辛子…2本
ゆず…小2個

【容器容量】**3ℓ**
【保存期間】**冷蔵3日**

作り方

1 白菜は葉先のほうは3㎝幅に、芯のほうは2㎝幅に切る。ゆずは4等分のくし形に切る。

2 白菜をボウルに入れ、塩、ゆず、切り昆布を加えて、手でよくもみ混ぜる。赤唐辛子も入れる。

3 押しぶたをして、1.5kgの重石をのせ、水が上がるまで8時間くらいおけば完成。その後は冷蔵室で保存する。

白菜のキムチ風

白菜の塩漬けが少し酸っぱくなってきたら、
香味野菜などの薬味を入れて、ピリ辛のキムチ風に。
ごま油としょうゆで香りを立たせるのがコツです。

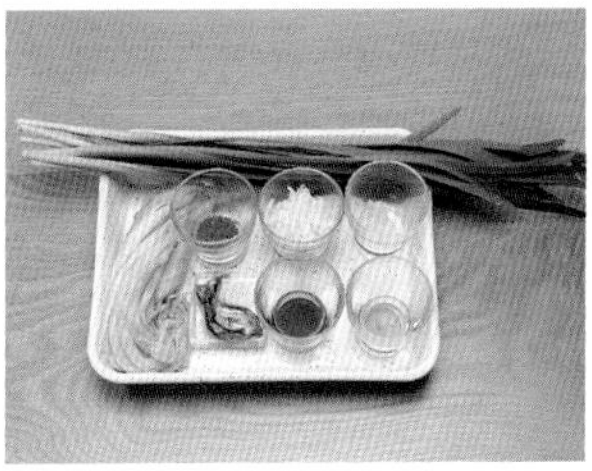

材料（作りやすい分量）

白菜の塩漬け（p.41）…400g
にら…100g
長ねぎのみじん切り…大さじ2
にんにくのすりおろし…小さじ1
アンチョビ…2枚
粉唐辛子（中びき）…小さじ1
ごま油…小さじ2
薄口しょうゆ…小さじ2

［容器容量］**2.5〜3ℓ**
［保存期間］**冷蔵1週間**

作り方

1 白菜漬けは3cm幅に切る。にらは熱湯でさっとゆで、水けをしぼり、3cm長さに切る。これをボウルに入れ、長ねぎ、にんにく、アンチョビ、粉唐辛子を加えて混ぜる。

2 **1**にごま油としょうゆを加えて混ぜ、香りをつける。

3 手でよくもみ混ぜ、味をなじませる。常温で6時間くらいおけば完成。その後は冷蔵室で保存する。

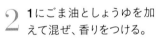

【白菜の塩漬け】で作る

白菜漬け巻きずし

シャキッとした食感とほのかな塩けが加わって、さわやかな食べ心地。
具はまろやかな卵焼きに紅しょうがをピリッと効かせ、味のバランスを取ります。

作り方

1 すし酢の材料を混ぜて、炊きたてのごはんに回しかける。しゃもじで切るようにして混ぜ、冷ます。

2 卵を割りほぐし、砂糖と塩を入れて混ぜる。卵焼き器を熱して油をひき、卵液を流し入れて端から巻き込み、卵焼きを作る。これを縦半分に切る。

3 巻きすに白菜の塩漬けを3枚、葉先と芯が交互になるように並べ、**1**の半量をのせて広げる。

4 中央に卵焼き1切れとせん切りにした紅しょうがの半量をのせ、巻きすごと巻いて形を整える。これを2本作り、食べやすく切って器に盛りつける。好みでせん切りにした紅しょうが適量（分量外）を添える。

材料（2本分）

白菜の塩漬け（p.41）…6枚（200g）
ごはん…300g（米1合分）
すし酢
- 酢…大さじ2
- 砂糖…小さじ1と½
- 塩…小さじ½

卵焼き
- 卵…2個
- 砂糖…小さじ2
- 塩・菜種油…各少々

紅しょうが…5g

【白菜の切り漬け】で作る

白菜と納豆の巾着焼き

手早くできる簡単おかずです。
納豆といっしょに油揚げに詰め、
表面を香ばしく焼くだけ。お酒の肴にもぴったり。

材料（2人分）

白菜の切り漬け（p.42）…大さじ4
納豆…小さじ2
油揚げ…1枚
ゆず……¼個

作り方

1 油揚げは長辺を半分に切り開き、袋状にする。この中に、白菜の切り漬けと納豆を半量ずつ詰め、口をつま楊枝でとめる。

2 フライパンを熱して油をひかずに**1**を並べ、両面をこんがりと焼く。

3 つま楊枝をつけたまま、袋の部分を縦半分に切り、器に盛る。くし形に切ったゆずを添える。

【白菜のキムチ風】で作る

豆腐チゲ

生の白菜より風味があるから、うま味たっぷり。
つけだれナシでも、豆腐がおいしい！
だしの出たスープごといただきます。

材料（2人分）

白菜のキムチ風（p.43）…200g
豆腐…200g（1丁）
長ねぎ…½本
水…400mℓ
煮干し…8g
薄口しょうゆ…大さじ1

作り方

1 豆腐は8等分に切り、長ねぎは斜め薄切りにする。

2 土鍋に水と煮干しを入れて火にかける。沸騰してきたら、**1**と、白菜のキムチ風を入れて3分煮る。仕上げにしょうゆを回しかける。

らっきょう漬け

歯ごたえがよく、さっぱりしたあと口が魅力のらっきょう漬け。
初夏に漬けておけば、翌年まで食べられます。おなじみの甘酢漬けのほか
まろやかなうま味をまとった、しょうゆ糀漬けもお試しください。

らっきょうの塩漬け

材料（作りやすい分量）
らっきょう…1kg
塩…20g（らっきょうの2%）

【容器容量】**2ℓ**
【保存期間】**冷蔵1年**

作り方

1 泥つきらっきょうは流水できれいに洗い、ひげ根を取って薄皮をむき、水けをきる。洗いらっきょうを使う場合は、さっと洗ってざるに上げる。

2 らっきょうを大きめのボウルに入れ、塩をふって、まんべんなくまぶす。そのまま8時間ほどおけば完成。その後は冷蔵室で保存する。

↙ ↘

らっきょうのしょうゆ糀漬け

材料（作りやすい分量）
らっきょうの塩漬け…500g
しょうゆ糀…500g

＊しょうゆ糀の作り方はp.83参照。

作り方

1 容器の底に、しょうゆ糀を1/3量ほど入れる。らっきょうの塩漬けの汁けをふきながら、入れていく。

2 最後に残りのしょうゆ糀を入れ、らっきょうが隠れるようにして、表面を平らにする。ふたをして常温で1か月くらいおけば完成。その後は冷蔵室で保存する。

【容器容量】**1.5ℓ**
【保存期間】**冷蔵1年**

らっきょうの甘酢漬け

材料（作りやすい分量）
らっきょうの塩漬け…200g
甘酢
- 酢…120mℓ
- 水…20mℓ
- 砂糖…40g

作り方

1 らっきょうの塩漬けは汁けをふきながら、容器に入れる。甘酢の材料を合わせて注ぎ、味をなじませる。

2 ふたをして常温で1週間おけば完成。その後は冷蔵室で保存すれば、1年くらい歯ごたえが保たれる。

【容器容量】**0.5ℓ**
【保存期間】**冷蔵1年**

にんにく漬け

独特な香りに健康効果のあるにんにくを、皮ごとしょうゆ漬けとみそに漬けに。
そのまま食べてもいいし、すりおろしたりスライスして調味料代わりに！
にんにく風味のついた漬け汁や漬け床も、残さず活用しましょう。

下漬け

材料（作りやすい分量）

にんにく…10個（500g）
白梅酢（p.30）…600mℓ

＊白梅酢がない場合は、酢400mℓ、塩40gを混ぜ合わせて使う。

［【容器容量】**下漬け1.5ℓ**］

作り方

1 にんにくを容器に入れ、白梅酢を注ぎ、8時間ほど漬けておく。

2 **1**をざるに並べ、天日に1日干して、ある程度水分を抜く。

にんにくのみそ漬け

材料（作りやすい分量）

下漬けしたにんにく…250g
みそ…250g
砂糖…100g

作り方

1 みそと砂糖を混ぜ合わせる。これを下漬けしたにんにくにまぶし、容器に詰めていく。

2 表面をならし、ふたをする。常温で3か月ほどおき、味がなじんだら完成。このみそも調理に使う。

［【容器容量】**1ℓ** 【保存期間】**冷暗所 1年**］

にんにくのしょうゆ漬け

材料（作りやすい分量）

下漬けしたにんにく…250g
昆布…5×15cm1枚
しょうゆ…180mℓ
みりん…大さじ4

作り方

1 容器に下漬けしたにんにくと昆布を入れ、しょうゆとみりんを注ぐ。

2 ふたをして常温で3か月ほどおき、しょうゆ味がしみて黒くなってきたら完成。このしょうゆも調理に使う。

［【容器容量】**1ℓ** 【保存期間】**冷暗所 1年**］

【らっきょうの甘酢漬けと漬け汁】で作る

らっきょう入り ポテトサラダ

まろやかなポテトに甘酸っぱいアクセント！
ドレッシング代わりにらっきょうの漬け汁を加え、
あっさりヘルシーな仕上がりに。

材料（2〜3人分）

じゃがいも…2個（300g）
らっきょうの甘酢漬け（p.47）…40g
らっきょうの甘酢漬けの汁（p.47）…大さじ1

作り方

1 鍋に水を張り、万能蒸し器をセットしてじゃがいもを入れ、火にかける。沸騰してから、10分蒸す。

2 じゃがいもが熱いうちに皮をむき、ボウルに入れてフォークなどでつぶす。

3 らっきょうの甘酢漬けは薄い輪切りにし、甘酢漬けの汁とともに**2**に入れてよく混ぜる。

【らっきょうの甘酢漬け】で作る

らっきょうの納豆あえ

納豆にねぎを入れるところを、らっきょうで。
酸味や甘味がからんで、ひと味おいしい！
しょうゆもからしも不要です。

材料（2人分）

納豆…小1パック（40g）
らっきょうの甘酢漬け（p.47）…1個

作り方

1 らっきょうの甘酢漬けは、薄い輪切りにする。

2 納豆を器に入れて混ぜ、**1**を加えて軽くあえる。

【にんにくのしょうゆ漬け】で作る

にんにく風味豚ステーキ

にんにくのしょうゆ漬けがあれば、ソースいらず。
少量でも豚肉にインパクトを与えます。
肉汁とにんにく風味の相性を存分に味わって！

材料（2人分）

豚ロース肉
　…1.5cm厚さ2枚
塩…少々
粗びき黒こしょう
　…少々
にんにくのしょうゆ漬け
　(p.49)…½片
玉ねぎ…¼個
しいたけ…2個
菜種油…大さじ1
クレソン…適量

作り方

1 豚ロース肉は脂身と赤身の間の筋に切り込みを入れ、両面に塩、黒こしょうをふる。

2 にんにくのしょうゆ漬けは薄切りにする。玉ねぎはくし形に切り、しいたけは軸を切り落とす。

3 フライパンに油を熱し、豚肉を焼く。焦げ目がついたら裏返し、両面とも焼き、にんにくのしょうゆ漬けを散らす。

4 豚肉を取り出し、同じフライパンで玉ねぎとしいたけの両面を焼く。豚肉とともに器に盛り、クレソンを添える。

【にんにくのみそ漬けのみそ】で作る

にんにくみそディップ

にんにくの香りがついた漬け床も、しっかり利用。
野菜スティックにつければ、ポリポリといくらでも。
お好みで、みりんや酢でのばしても美味です。

材料（2人分）

にんにくのみそ漬けのみそ（p.49）…大さじ2
好みの野菜（大根・にんじん・きゅうり・セロリ）
　…各適量

作り方

1 大根、にんじんは皮をむき、7mm角×5cm長さの棒状に切る。きゅうりとセロリも太さと長さをそろえて切り、器に盛る。

2 にんにくのみそ漬けのみそを小さな器に入れて**1**に添え、野菜をつけて食べる。

酒粕ドボン漬け

酒粕は日本酒を作るときのしぼりかすで、酒の香りとうま味がたっぷり含まれます。
その酒粕を熟成させた練り粕に砂糖を加え、酒粕床を作っておけば、
野菜を「ドボン」と突っ込んでおくだけで、風味豊かな漬けものに！

材料（作りやすい分量）

大根…150g
なす…2本（140g）
きゅうり…1本（100g）
みょうが…2個
にんにく…2片
塩…小さじ1（野菜の2%）
酒粕床
- 酒粕（練り粕）…1kg
- 砂糖…300g
- 塩…50g

【容器容量】**3ℓ**
【保存期間】**冷蔵3日**

作り方

1 大根は4つ割り、きゅうりは長さを半分に切る。にんにくは皮をむき2つに切る。なすは縦半分に切る。すべての野菜に塩をもみ込む。

2 常温で1時間以上おき、余分な水分を出す。

3 酒粕床を作る。ボウルなどの容器に酒粕を入れ、砂糖と塩を数回に分けて加えながらよく混ぜ合わせる。全体がなめらかになったらOK。

4 **2**の野菜の水けをふき、酒粕床に入れ、野菜が隠れるように埋める。

5 表面を平らにならし、常温で6時間おけば完成。漬かったらすぐに食べるか、酒粕床から野菜を取り出し、冷蔵室で保存する。酒粕床はその後繰り返し使えるが、水っぽくなったら新しい酒粕床を適宜加える。

しば漬け

夏野菜のなすやみょうが、しその葉を塩漬けにして作る、しば漬け。
赤じそを使わなくても、発酵の力で赤紫色に染まり、さわやかな酸味をかもします。
刻んで料理のトッピングや薬味にも！

材料（作りやすい分量）
なす…6本（400g）
みょうがが…8個（350g）
青じそ…70枚（50g）
塩…24g（野菜の3%）

【容器容量】**3ℓ**
【保存期間】**冷蔵1か月**

作り方

1 なすは縦半分に切って斜め5㎜幅に切る。みょうがは縦8つに切る。これらの半量を容器に入れる。

2 青じそは、半量をなすとみょうがに重ねるようにして容器に入れ、半量の塩をふる。

3 残りのなすとみょうがを入れ、青じそを重ねて、塩をふる。

4 押しぶたをして2.5kgの重石をのせる。水が上がってきたら、重石を半分の重さに減らす。常温で3～4日おくと赤っぽい色になり、発酵味が出てきたら完成。その後は冷蔵室で保存する。

大根のつぼ漬け

カリカリとかむほどに、しみ込んだしょうゆの滋味がじんわり。
つぼ漬けは、大根のいちょう切りを乾燥させて、しょうゆとみりんに漬け込んだもの。
時間がたつにつれ色が濃くなり、味もこなれてきて、長く楽しめます。

材料（作りやすい分量）

大根…小½本（500g）
塩…10g（大根の2％）
しょうゆ…50mℓ
みりん…30mℓ
砂糖…大さじ1

【容器容量】**1ℓ**
【保存期間】**冷蔵1年**

作り方

1 大根は皮つきのまま、薄いいちょう切りにする。

2 大根をボウルに入れて塩を加え、全体にまぶす。30分ほどおき、水が出たらよくしぼる。

3 **2**をざるに並べ、天日に6時間ほど干す。完全に乾かなくてもよい。

4 干した大根をボウルに入れ、しょうゆとみりん、砂糖を入れて混ぜる。

5 **4**を、容器に移して6時間おく。

6 500gの重石をのせ、常温で1週間おけば完成。その後は冷蔵室で保存する。

【酒粕ドボン漬け】で作る

酒粕ドボン漬け ささみあえ

香りとうま味が豊富なドボン漬けをささみの調味料として利用します。
野菜がたくさん食べられる簡単あえもの。

作り方

1 酒粕ドボン漬けの野菜は、すべて斜め薄切りにする。

2 小鍋に水200mℓとささみを入れて火にかけ、沸騰したら20秒で火を止め、ふたをして2分蒸らす。

3 ささみを叩いて適当な大きさに裂き、**1**と合わせ、酒粕床を入れてあえる。

材料（2本分）

酒粕ドボン漬け（p.52）
- なす…½本
- きゅうり…½本
- みょうが…1個

ささみ…3本
酒粕床（p.53）…大さじ1

【しば漬け】で作る

しば漬けの簡単雑煮

さっぱり味のしば漬けを焼きもちにトッピング。
お湯をかければ発酵味が溶け出し、
おもちも汁もおいしくいただけます。

材料（2人分）

しば漬け（p.54）…40g
切りもち…2個
熱湯…200mℓ
かつお削り節…小さじ2

作り方

1 しば漬けを粗みじん切りにする。切りもちを焼き、お椀に入れる。

2 もちの上にしば漬けをのせ、熱湯を注ぐ。最後にかつお削り節をかける。

【大根のつぼ漬け】で作る

つぼ漬けのおろしあえ

つぼ漬けの濃厚なしょうゆ味を生かして
大根おろしにも味つけを。
シンプルだけどクセになる一品です。

材料（2人分）

大根のつぼ漬け（p.56）…10g
大根おろし…大さじ3

作り方

1 大根おろしの水けをきり、ボウルに入れる。

2 **1**に大根のつぼ漬けを入れてあえる。お好みで大根のつぼ漬けの汁少々（分量外）を加える。

漬けものの、ここがスゴイ！①

発酵のチカラを元気の味方に！

漬けものを漬けていると、日々、発酵のすばらしさを実感します。食材がおいしくなるだけでなく、保存性も高めてくれます。発酵とは、細菌やカビ、酵母といった微生物が、人間の体にとってよい働きをする物質をつくり出すこと。そのひとつが乳酸菌です。不思議なことに、野菜を塩漬けにするだけで乳酸菌が増え、うま味が増し、酸っぱい風味がつきます。これを植物性乳酸菌と呼び、ヨーグルトなどにつく動物性乳酸菌とは区別されています。

　では、「発酵」と「腐敗」はどう違うのでしょうか。発酵も腐敗も微生物がつくり出すものには変わりありませんが、発酵は人間の体にとって有益なもの、腐敗は有害なもの、と考えられます。つまり、人間の都合によって線引きされたものなのです。

　有益な菌は、腸内環境をよくし、便通を促したり、免疫力を高めて病気を遠ざけたりと、いいことずくめの働きをしてくれます。

ぬか漬けにすると栄養が増える!?

乳酸菌発酵といえば、ぬか漬けもそうです。ぬか床にする米ぬかは、玄米を精白するときに取れる皮や胚芽の部分。ここには、ビタミンB群やミネラルが多く含まれています。ぬかに塩を加えて野菜を漬けると、ぬか床の中では乳酸菌と酵母が常に繁殖します。同時に、米ぬかに含まれる栄養素が野菜に浸透し、野菜の栄養価がぐんとアップ！　とくにビタミンB群はエネルギーをつくるのに必要なもので、疲労回復や美肌キープに効果を発揮します。漬けてみる価値、大いにありますね。

第2章
サラダ感覚の即席漬け

食卓にもう一品何かを出したい。
ササッとすぐに、風味のよい漬けものを作りたい！
という希望を叶えてくれるのが、即席漬け。
30分からひと晩ででき、しかも素材の持ち味を生かしたサラダ感覚の漬けものです。
短時間でも漬けることによって風味が増し、
かさも減るのでサラダより野菜がたくさん食べられ、油を使わないからとってもヘルシー。
作りやすい、食べきりやすい分量でご紹介しますので、ぜひお試しください。

塩で漬ける

【なすの塩水漬け】

塩水で漬けて、適度な歯ざわりを残します。
古くぎを入れると皮の色が鮮やかに！
みずみずしさが涼感を呼ぶお漬けもの。

材料（作りやすい分量）
なす…3本（240g）
塩…小さじ½
塩水
　水…1ℓ
　塩…100g
古くぎ…10本

【容器容量】**2ℓ**
【保存期間】**冷蔵3日**

＊古くぎを入れると、鉄分でなすの皮の色がきれいに出る。市販の料理用鉄球でもよい。新しいくぎは薬品が塗られている場合があるので使用しない。
＊塩水は繰り返し使える。

作り方

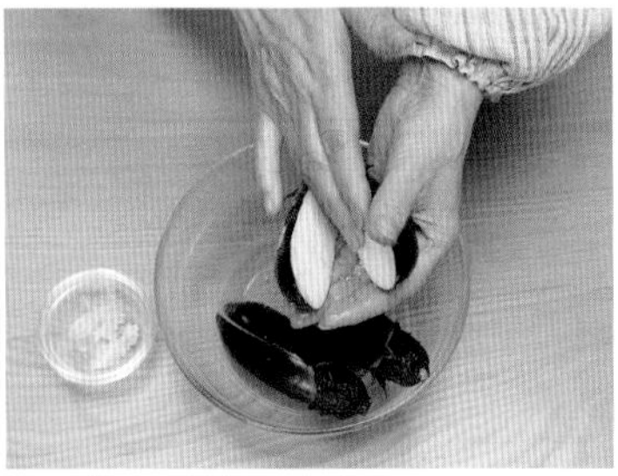

1 なすはヘタから下を半分に切り、塩を内側にすり込む。

2 ボウルに塩水の材料を合わせる。容器の底に古くぎを入れ、半量の塩水を注ぐ。

3 なすを入れて残りの塩水を入れる。

4 なすが浮かないように500ｇの重石をする。常温で8時間おけば完成。その後は塩水から出し、冷蔵室で保存する。

【かぶの塩漬け】

水分の多いかぶは、短時間で塩が回ります。
早く漬けたいときほど、重石を重くして。
葉の香りもいっしょに楽しみましょう。

材料（作りやすい分量）

かぶ（葉つき）…5個（750g）
塩…15g（かぶの2%）

【容器容量】**3ℓ**
【保存期間】**冷蔵3日**

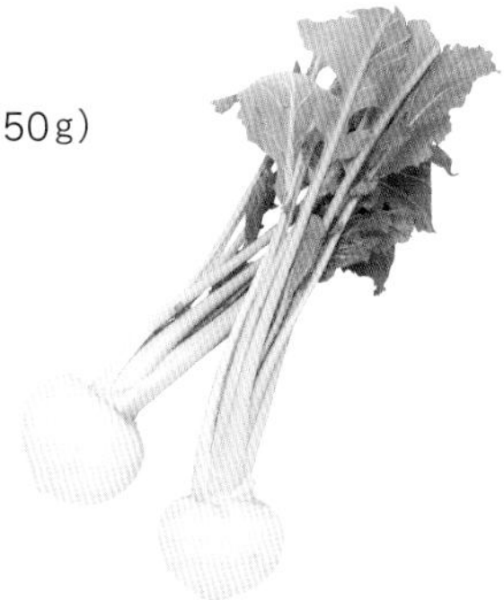

作り方

1 かぶは茎を少しつけて葉と切り離し、皮をむき、16等分のくし形に切る。

2 かぶの葉は3cm長さに切り、塩5gをもみ込む。しんなりしたら水洗いして水けをしぼる。

3 **1**と**2**をボウルに入れ、残りの塩をふってもみ込む。

4 1.5kgの重石をのせる。常温で30分〜1時間おけば完成。その後は冷蔵室で保存する。

【キャベツ・紫キャベツの塩漬け】

繊維が堅いキャベツは、せん切りにして
水を出やすくします。ドレッシングを加えて
サラダやコールスローにアレンジしても。

材料（作りやすい分量）
キャベツ（または紫キャベツ）
…½個（400g）
塩…8g（キャベツの2%）

【容器容量】**1.5ℓ**
【保存期間】**冷蔵3日**

作り方

1 キャベツは細いせん切りにする。

2 1をボウルに入れて塩をふり、もみ込む。

3 1.5kgの重石をし、常温で1時間おけば完成。その後は冷蔵室で保存する。紫キャベツも同様に作れる。

【青菜（野沢菜）の切り漬け】

軽く塩もみして、調味料で味をつける一夜漬けで、
新鮮な菜っ葉の食感を生かします。
長野では野沢菜で作りますが、小松菜やからし菜でも。

材料（作りやすい分量）

青菜（野沢菜）…1kg
塩…20g（青菜の2%）
しょうゆ…大さじ1
みりん…大さじ2
酢…20mℓ
砂糖…25g
赤唐辛子の小口切り…少々

【容器容量】**3ℓ**
【保存期間】**冷蔵1週間**

作り方

1 青菜は根元に十文字の切り込みを入れる。

2 3cm長さに切り、容器に入れて塩をふり、軽くもむ。

3 続けて砂糖、しょうゆ、みりん、酢、赤唐辛子を入れて、よくもみ込む。

4 押しぶたをして3kgの重石をのせ、常温で8時間おけば完成。その後は、冷蔵室で保存する。

みそで漬ける

【ごぼうのみそ漬け】

みそ床に漬けるのではなく、少量のみそであえ、
歯ごたえのよさや風味をみそごと味わいます。
ごぼうはゆでて、味しみをよくするのがコツ。

材料（作りやすい分量）
ごぼう…130g
みそ…大さじ1

【容器容量】**0.5ℓ**
【保存期間】**冷蔵5日**

作り方

1 ごぼうは皮をきれいに洗って7㎝長さに切り、2〜4つに割る。熱湯でさっとゆで、ざるに上げる。

2 ごぼうが熱いうちにボウルに入れて、みそを加え、なじませる。

3 ふたをして常温で8時間おけば完成。その後は冷蔵室で保存し、みそごと食べる。

【長いものみそ漬け】

生で食べられる長いもは、みそともよくなじみ
シャキシャキ感の中にコクがじんわり。
水っぽくなる前に食べきりましょう。

材料（作りやすい分量）
長いも…130g
みそ…大さじ1

【容器容量】**0.5ℓ**
【保存期間】**冷蔵3日**

作り方

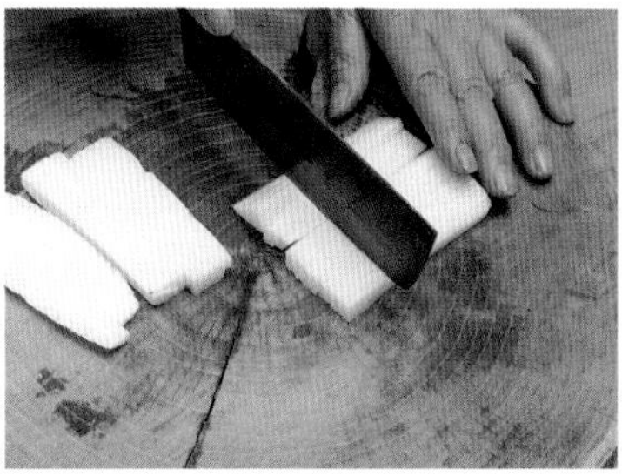

1 長いもは皮をむき、2㎝角に切る。

2 **1**を容器に入れてみそを加え、なじませる。

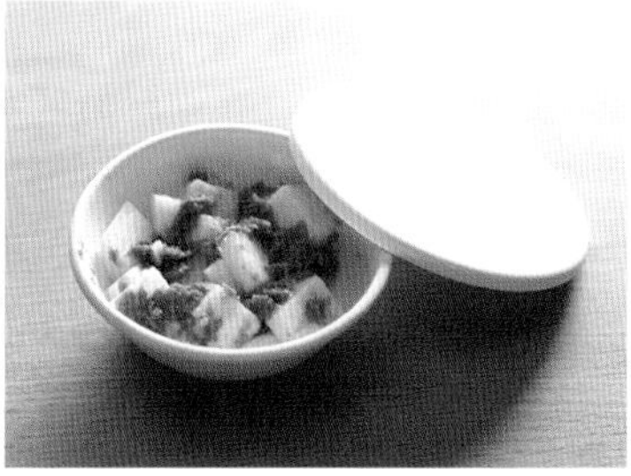

3 ふたをして常温で8時間おけば完成。その後は冷蔵室で保存し、みそごと食べる。

【干ししいたけのみそ漬け】

風味が凝縮した干ししいたけをゆで、
みそをギュッと押しつけます。
野菜とあえたり、ごはんに混ぜたり。

材料(作りやすい分量)
干ししいたけ…5枚(200g)
みそ…大さじ½

【容器容量】**0.3ℓ**
【保存期間】**冷蔵5日**

作り方

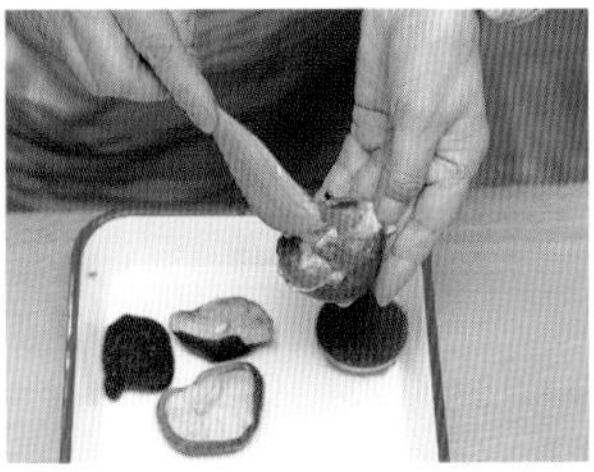

1 干ししいたけは水で戻し、軸を切って熱湯で5分ゆでる。しいたけのかさの内側にみそを少量ずつ塗り広げる。

2 小さな容器に**1**を重ねるようにして入れ、ふたをして常温で8時間おけば完成。その後は冷蔵室で保存し、細切りにしてみそごと食べる。

【昆布のみそ漬け】

昆布にみそを塗ってくるくる巻き、
2つのうま味成分を合体。
輪切りにして、おつまみや汁ものの具に。

材料(作りやすい分量)
だしを取ったあとの昆布
　…6×12cm2枚(25g)
みそ…大さじ1

【容器容量】**0.2ℓ**
【保存期間】**冷蔵5日**

作り方

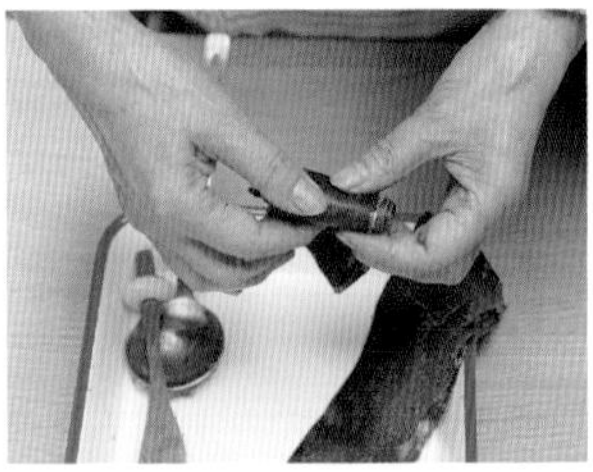

1 昆布は、ふきんで表面の水けをふき、片面にみそを塗る。1枚を端からくるりと巻く。これを中心にして、もう1枚を重ねて巻く。

2 巻き終わりを下にして容器に入れ、ふたをして常温で8時間おけば完成。その後は冷蔵室で保存し、食べるときに輪切りにする。

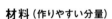

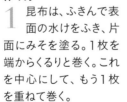

【パプリカとピーマンのみそ漬け】

火を通さずに、みそをまぶして時間をおき、
生野菜を食べやすい味にします。
シャキッとした歯ざわりも楽しんで！

材料（作りやすい分量）

赤パプリカ・黄パプリカ…各1個（100g）
ピーマン…1個（25g）
みそ…大さじ1

［容器容量］**0.5ℓ**
［保存期間］**冷蔵3日**

作り方

1 パプリカとピーマンはそれぞれ半分に切ってヘタと種を取り、縦に細切りにする。容器に入れ、みそも加える。

2 **1**を箸でよくあえ、みそをなじませる。

3 ふたをして常温で8時間おいたら完成。その後は冷蔵室で保存し、みそごと食べる。

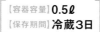

しょうゆで漬ける

【きゅうりの酢じょうゆ漬け】

にんにく油の香りと酢の酸味が食欲をそそる
風味満点の漬けもの。
魚や肉料理の口直しにもぴったり！

材料（作りやすい分量）
きゅうり…2本（200g）
薄口しょうゆ…大さじ1
酢…大さじ1
にんにくのみじん切り…1片分
菜種油…大さじ½

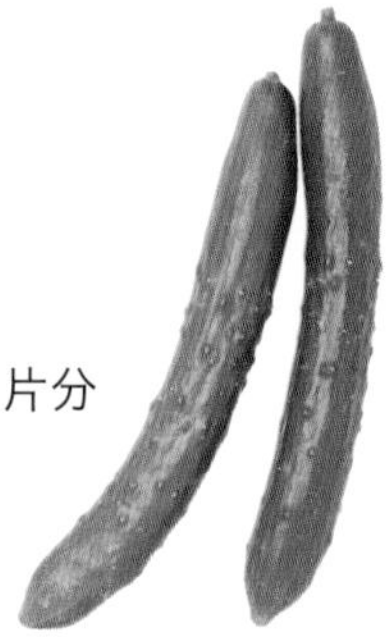

【容器容量】**1ℓ**
【保存期間】**冷蔵3日**

作り方

1 フライパンに油とにんにくのみじん切りを入れて弱火にかけ、焦がさないように炒める。

2 きゅうりはひと口大の乱切りにして容器に入れ、**1**のにんにくが熱いうちに、油ごとかける。

3 **2**にしょうゆ、酢を加えて混ぜ、きゅうりに味をなじませる。

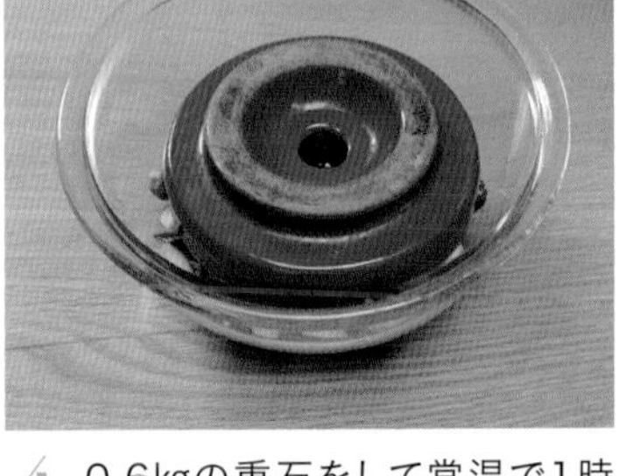

4 0.6kgの重石をして常温で1時間おけば完成。その後は冷蔵室で保存する。

【白菜のにんにくじょうゆ漬け】

塩は使わず、にんにくとしょうゆをもみ込み、
白菜の甘味に溶け込ませます。
しっかりと重石をして、しんなりさせるのがコツ。

材料（作りやすい分量）

白菜…¼株（600g）
薄口しょうゆ…大さじ3
にんにくのすりおろし…小さじ1

【容器容量】**2ℓ**
【保存期間】**冷蔵3日**

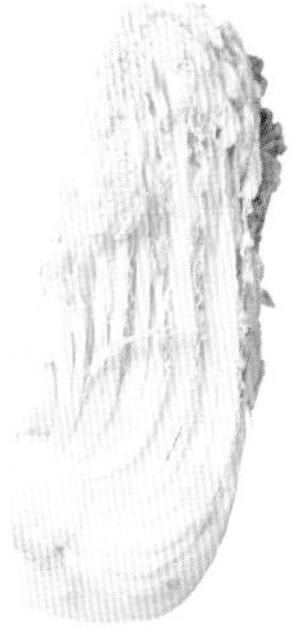

作り方

1 白菜は3㎝長さのざく切りにする。容器に入れ、にんにくのすりおろしを加える。

2 しょうゆを加える。

3 全体をざっくり混ぜ、まんべんなく手でもみ込む。

4 2kgの重石をして常温で8時間おいたら完成。その後は冷蔵室で保存する。

【長ねぎのしょうゆ漬け】

ねぎの辛味がしょうゆのおかげでうま味に！
小鉢のトッピングや鍋料理のつけだれに、
お酢やごま油を加えてアレンジしても。

材料（作りやすい分量）
長ねぎ…1本（200g）
しょうゆ…50mℓ

【容器容量】**0.5ℓ**
【保存期間】**冷蔵1週間**

作り方

1 長ねぎをみじん切りにする。ボウルに入れてしょうゆを注ぎ、よく混ぜる。

2 **1**を容器に詰め、ふたをして冷蔵室に入れる。1時間おけば完成。

【レタスのかつおしょうゆ漬け】

かつお節とじゃこのダブルうま味で
レタスがボリューミーな1品に。
漬けることで、味のなじみをよくします。

材料（作りやすい分量）
レタス…1個（400g）
ちりめんじゃこ…10g
かつお削り節…5g
薄口しょうゆ…大さじ2
酒…大さじ2

【容器容量】**3ℓ**
【保存期間】**冷蔵3日**

作り方

1 レタスは縦半分に切り、切り口を上にしてボウルに入れる。ちりめんじゃこをふり入れ、切り口をおおうようにかつお削り節を散らす。しょうゆと酒を回しかける。

2 1.2kgの重石をのせて常温で8時間おけば完成。その後は冷蔵室で保存する。

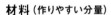

【れんこんの煮干ししょうゆ漬け】

煮干しのだしを、ゆでれんこんにしみ込ませ、
薄口しょうゆでコーティング。
重石をかけずに、歯ごたえを残します。

材料（作りやすい分量）
れんこん…小1節（150g）
薄口しょうゆ…大さじ1
煮干し…10g
水…大さじ1

［容器容量］**0.5ℓ**
［保存期間］**冷蔵3日**

作り方

1 れんこんは皮をむき、スライサーで薄い輪切りにする。これを熱湯でさっとゆで、ざるに上げる。

2 **1**が熱いうちにボウルに入れ、水と煮干しを加え、しょうゆを回しかける。上下を返しながらよく混ぜ、全体に味をからめる。

3 **2**を容器に入れてふたをし、冷蔵室に入れ、1時間おけば完成。

甘酢で漬ける

【紫玉ねぎの甘酢漬け】

甘酢の成分が玉ねぎの辛味をマイルドに。
サラダに混ぜたり、揚げものに添えたり、
さっぱり味をプラスしてくれます。

材料（作りやすい分量）

紫玉ねぎ…1個（200g）
甘酢
- 酢…大さじ2
- 水…40mℓ
- 砂糖…大さじ1
- 塩…小さじ½強

【容器容量】**0.5ℓ**
【保存期間】**冷蔵5日**

作り方

1 甘酢の材料を合わせて混ぜ、砂糖と塩をよく溶かす。

2 玉ねぎは縦半分に切って、端から薄切りにする。

3 **2**を平らに重ねるようにして、容器に詰める。

4 **1**の甘酢を注ぎ、ふたをして冷蔵室に入れる。1時間おけば完成。

【カリフラワーの甘酢漬け】

ゆでても形のくずれないカリフラワーは
漬けおきに最適。甘酢との相性もよく、
これだけでボリューミーなおかずに。

材料（作りやすい分量）

カリフラワー
…⅓個（200g）
甘酢
- 酢…大さじ4
- 水…80mℓ
- 砂糖…大さじ2
- 塩…小さじ1強

【容器容量】**0.8ℓ**
【保存期間】**冷蔵5日**

作り方

1 甘酢の材料を合わせて混ぜ、砂糖と塩をよく溶かす。

2 カリフラワーは小房に分ける。鍋に水を張り、万能蒸し器をセットしてカリフラワーを入れ、火にかける。沸騰してから5分蒸す。

3 **2**を容器に移し、**1**の甘酢を注ぐ。

4 ふたをして、常温で1時間おき、水分が上がって味がなじんだら完成。その後は冷蔵室で保存する。

作り方

1 甘酢の材料を合わせて混ぜ、砂糖と塩をよく溶かす。じゃがいもは皮をむき、細いせん切りにする。水に放してでんぷん質を取り、ざるに上げて水けを切る。これを3回繰り返す。

2 フライパンに油を熱し、**1**をかき混ぜながら弱めの中火でじっくり炒める。

3 ボウルに入れ、熱いうちに甘酢を加え、赤唐辛子を入れてよく混ぜる。

4 1kgの重石をのせ、常温で30分ほどおき、味がなじんだら完成。その後は冷蔵室で保存する。

【じゃがいもの甘酢漬け】

行事のときに必ず作る、信州の伝統食をアレンジ。
極細のじゃがいもに、甘酢をしみ込ませ、
ふわっとした食感に仕上げます。

材料（作りやすい分量）

じゃがいも…2個（300g）
菜種油…大さじ1
甘酢
- 酢…大さじ2
- 水…40mℓ
- 砂糖…大さじ1
- 塩…小さじ½強

赤唐辛子の小口切り…1本分

【容器容量】**2ℓ**
【保存期間】**冷蔵3日**

【セロリの甘酢漬け】

パリッとした歯ごたえのセロリを
甘酢でピクルスのような漬けものに。
大根やにんじんでも同様に作れます。

材料（作りやすい分量）
セロリ…1本（150g）
甘酢
- 酢…大さじ2
- 水…40mℓ
- 砂糖…大さじ1
- 塩…小さじ½強

【容器容量】**0.3ℓ**
【保存期間】**冷蔵1週間**

作り方

1 甘酢の材料を合わせて混ぜ、砂糖と塩をよく溶かす。セロリは15㎝長さに切り、縦3～4つに切る。葉のほうも使う。

2 容器にセロリを詰め、甘酢を注いでふたをする。常温で1時間おけば完成。その後は冷蔵室で保存する。

【トマトの甘酢漬け】

トマトから出るうま味と甘酢がミックス。
おいしい漬け汁に浸すことで、
いっそうジューシーな味わいに。

材料（作りやすい分量）
トマト…小3個（300g）
甘酢
- 酢…大さじ4
- 水…80mℓ
- 砂糖…大さじ2
- 塩…小さじ1強

【容器容量】**0.8ℓ**
【保存期間】**冷蔵3日**

作り方

1 甘酢の材料を合わせて混ぜ、砂糖と塩をよく溶かす。トマトは5㎜厚さの輪切りにし、容器に重ねて入れる。上から少しずつ甘酢をかける。

2 30分ほどおき、トマトから水分が出て、容器がいっぱいになったらふたをし、冷蔵室に入れる。1時間おけば完成。

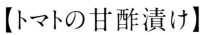

酒粕で漬ける

【しょうがの酒粕漬け】

酒粕の芳醇な匂いとしょうがの香りがマッチして
食欲を刺激する味わいに。
最初に塩をすり込み、水分を出すのがポイント。

材料（作りやすい分量）
しょうが…5個（300g）
塩…6g（しょうがの2%）
酒粕床…200g

【容器容量】**1ℓ**
【保存期間】**冷蔵2週間**

酒粕床

材料（作りやすい分量）
酒粕…400g
砂糖…120g
塩…20g

作り方
酒粕床の材料をよく混ぜ合わせる。

＊酒粕床は繰り返し使えるが、水っぽくなったら新しい酒粕床を適宜足す。

作り方

1 しょうがは、塩を表面にすり込む。

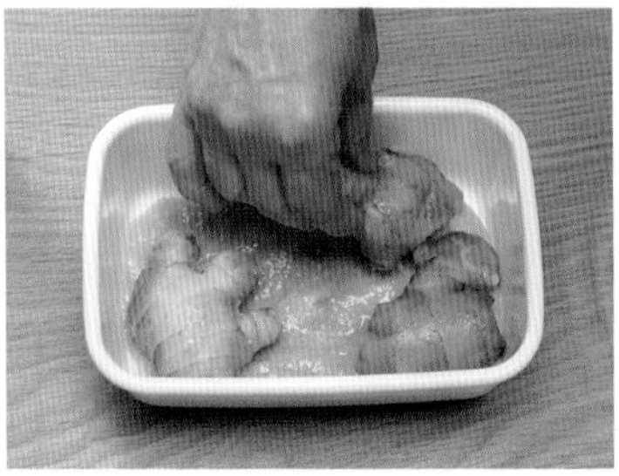

2 容器の底に酒粕床を少量敷き、しょうがを並べる。なるべくすき間が出ないよう、きっちり詰める。

3 **2**に残りの酒粕床をかけ、すき間をうめるようにする。

4 しょうがが隠れるようにして酒粕床をならし、ふたをして8時間おけば完成。食べるときは酒粕をぬぐい、薄切りにする。その後は冷蔵室で保存する。

【えのきの酒粕漬け】

えのきにからまった酒粕ごと食べる
舌ざわりのよい一品。
さっと蒸して漬けるのがポイントです。

材料（作りやすい分量）
えのき…大1袋（200g）
酒粕床（p.78）…400g

【容器容量】**1ℓ**
【保存期間】**冷蔵5日**

作り方

1 えのきは石づきを切り落とす。鍋に水を張り、万能蒸し器をセットし、えのきを入れ、火にかける。沸騰してから5分蒸す。

2 容器の底に酒粕床を少量敷き、えのきを並べる。上から酒粕床を入れ、表面をならす。ふたをして、1時間おけば完成。食べるときは酒粕をぬぐい、適当な長さに切る。その後は冷蔵室で保存する。

【にんじんの酒粕漬け】

カリカリした食感ながら、にんじんの甘味と
酒粕の香りが存分に楽しめます。
鮮やかな色も目にごちそう！

材料（作りやすい分量）
にんじん…1本（200g）
塩…4g（にんじんの2%）
酒粕床（p.78）…200g

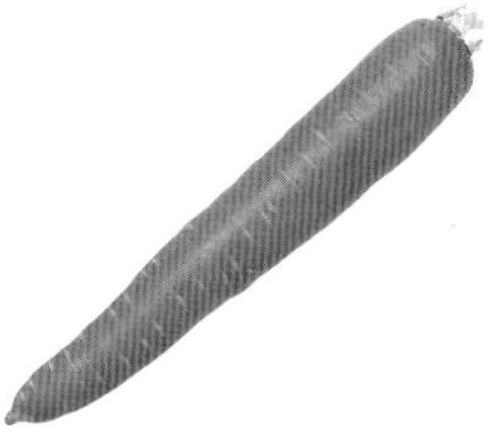

【容器容量】**1ℓ**
【保存期間】**冷蔵1週間**

作り方

1 にんじんは皮をむき、長さを半分に切る。それぞれ縦2つ割りにし、表面に塩をまぶす。

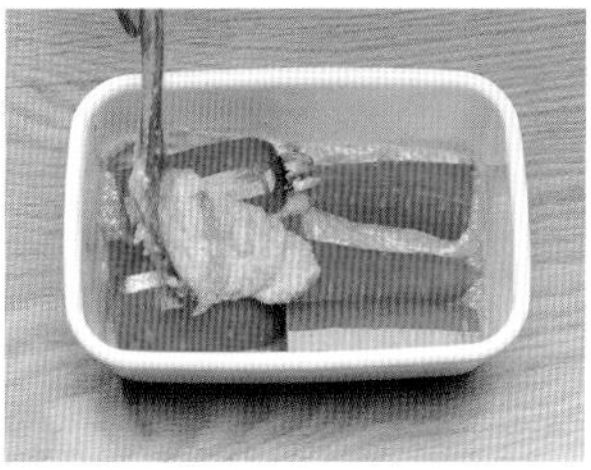

2 容器の底に酒粕床を少量敷き、にんじんを並べる。上から酒粕床を入れ、表面をならす。ふたをして8時間おけば完成。食べるときは酒粕をぬぐい、小さめの乱切りにする。その後は冷蔵室で保存する。

からしで漬ける

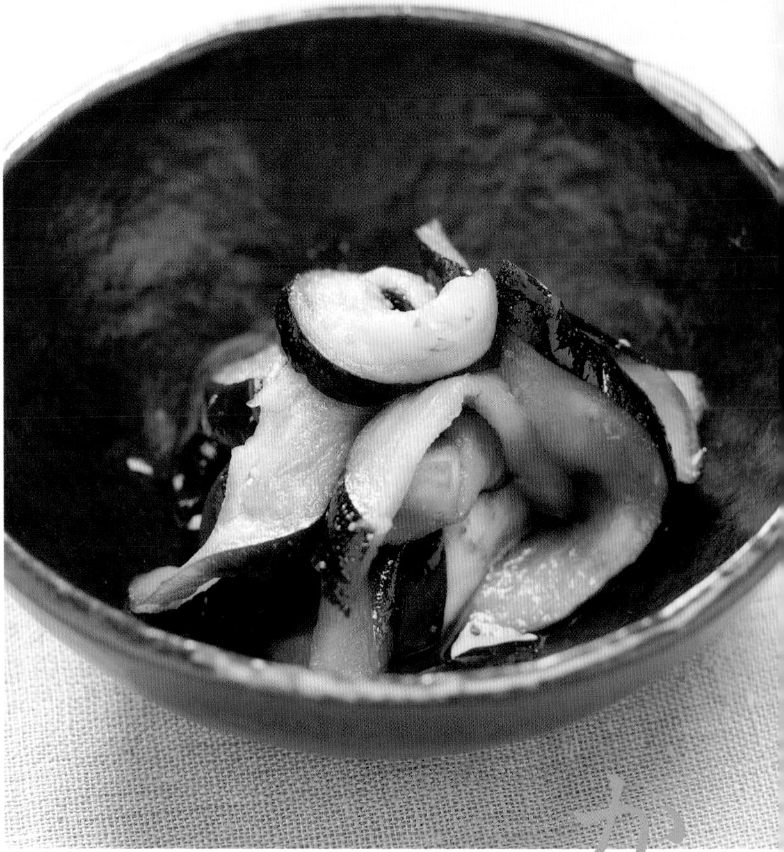

【なすの甘からし漬け】

なすは塩もみして、しっかりアクをしぼります。
甘味をつけたからしの漬け汁を
たっぷり吸わせ、さわやかな風味に！

材料（作りやすい分量）

なす…3本（240g）
塩…5g弱（なすの2%）
みりん…30mℓ
粉がらし…小さじ1
砂糖…20g

［容器容量］**1ℓ**
［保存期間］**冷蔵5日**

作り方

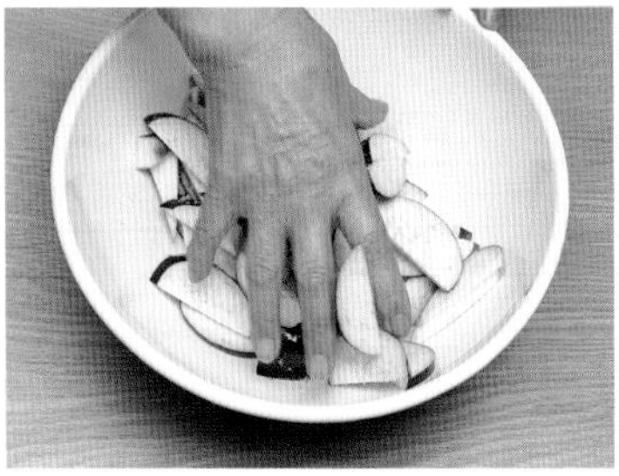

1 なすはヘタを切り、縦半分に切って斜め薄切りにする。ボウルに入れて塩をふり、よくもみ込む。

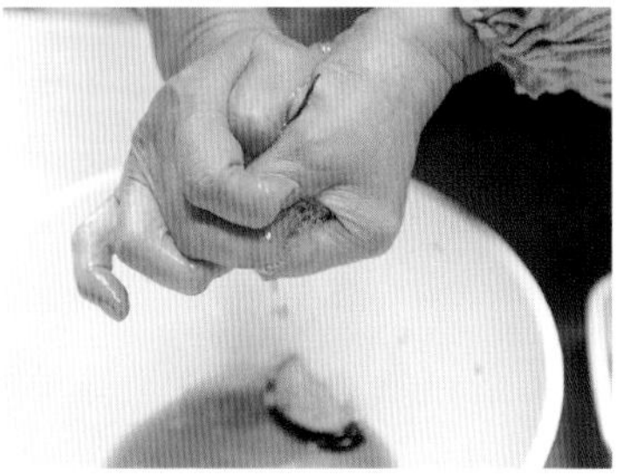

2 汁とともにアクが出てきたらギュッとしぼって、汁は捨てる。

3 容器に入れ、みりんに粉がらしを加えて溶き混ぜたものをかける。続けて砂糖も加える。

4 指先で全体を押して味をなじませる。ふたをして8時間おけば完成。その後は冷蔵室で保存する。

【水菜のからしじょうゆ漬け】

シャキッとした水菜をしんなりさせて、
からしと薄口しょうゆで味つけを。
お口の中がさっぱりします。

材料（作りやすい分量）

水菜…1束（200g）
塩…4g（水菜の2%）
粉がらし…小さじ½
薄口しょうゆ…大さじ½

【容器容量】**2ℓ**
【保存期間】**冷蔵3日**

作り方

1 水菜は2cm長さに切り、ボウルに入れて塩をまぶす。1kgの重石をのせて30分ほどおき、水けをよくしぼる。

2 しょうゆに粉がらしを加えて溶き混ぜ、**1**に加える。全体をよくもんで味をなじませる。常温で30分ほどおけば完成。その後は冷蔵室で保存する。

【大根のからしじょうゆ漬け】

水けをしっかりしぼり、歯ごたえよく。
ツンとくる辛味も大根にもみ込めば
まろやかな風味をかもします。

材料（作りやすい分量）

大根…300g
塩…小さじ1（大根の2%）
粉がらし…小さじ½
薄口しょうゆ…大さじ½

【容器容量】**2ℓ**
【保存期間】**冷蔵5日**

作り方

1 大根は皮をむいて、いちょう切りにする。ボウルに入れて塩をふり、もみ込む。1kgの重石をのせて常温で1時間ほどおく。

2 大根の水けをしっかりしぼる。しょうゆに粉がらしを加えて溶き混ぜ、大根にもみ込む。常温で20分おき、味がしみたら完成。その後は冷蔵室で保存する。

甘糀で漬ける

【大根、きゅうり、にんじんの甘糀漬け】

甘糀に塩を加えて、べったら漬け風に。
塩糀よりマイルドで自然な甘味で、
野菜がおいしくたくさん食べられます。

材料（作りやすい分量）
大根…200g
にんじん…½本（100g）
きゅうり…2本（200g）
塩…10g（野菜の2%）
甘糀…100g

【容器容量】**1ℓ**
【保存期間】**冷蔵3日**

作り方

1 大根は薄いいちょう切りにし、にんじんは薄い半月切り、きゅうりは斜め薄切りにする。野菜をボウルに入れ塩をふり、1時間おいて水けをしぼる。

2 甘糀に塩を小さじ1（分量外）加えたものを**1**に入れ、よく混ぜ合わせる。

3 1.5kgの重石をして常温で8時間おけば完成。その後は冷蔵室で保存する。

甘糀

材料（作りやすい分量）
糀…250g
水…400mℓ

【容器容量】**0.8ℓ**
【保存期間】**冷蔵1週間**

作り方
糀はかたまりを手でパラパラとほぐし、炊飯器の内釜に入れる。水を加えて「保温」スイッチを入れる。2時間たったらスイッチを切る。糀が発酵して、どろりとした甘糀になる。冷めたら容器に入れ、ふたをして冷蔵室で保存する。そのまま甘酒として飲んだり、果物にかけてデザートにも。

しょうゆ糀で漬ける

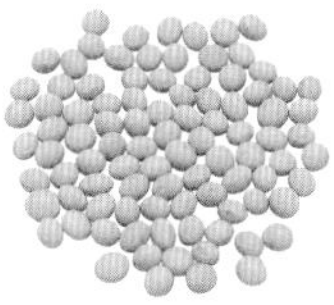

材料（作りやすい分量）

ゆで大豆…50g
しょうゆ糀…200g

【容器容量】**0.5ℓ**
【保存期間】**1週間**

作り方

1 容器にしょうゆ糀とゆで大豆を入れる。

2 上下を混ぜ、しょうゆ糀を大豆になじませる。

3 ふたをして常温で8時間おき、大豆に味がしみたら完成。その後は冷蔵室で保存する。

【ゆで大豆のしょうゆ糀漬け】

しょうゆの原料、大豆と合わせて濃厚なうま味に。
発酵した糀でほどよい甘味がつき、
おつまみに、ごはんのお供にと、重宝します。

しょうゆ糀

材料（作りやすい分量）

糀…100g
しょうゆ…100mℓ

【容器容量】**0.5ℓ**
【保存期間】**冷蔵2週間**

作り方

糀はかたまりを手でパラパラとほぐし、容器に入れ、しょうゆを注ぐ。よく混ぜ、ふたをして、常温で3〜5日おいておく。1日に1〜2回かき混ぜ、糀の芯がなくなったら完成。その後は冷蔵室で保存する。

漬けものの、ここがスゴイ！②

即席漬けはサラダよりエライ！

即席漬けは、時間をかけて本格的に発酵させて作る漬けものではありませんが、漬ける時間が短くてもほどよい発酵味がつき、生で食べるよりずっとおいしいのです。しかも、生野菜のみずみずしい食感も保たれます。さらに、即席漬けは食材を細かく刻んだり、さっと加熱することで味を染み込みやすくし、控えめの塩分で漬けるので、さっぱりさわやかな食べ心地です。

また、野菜のかさが減り量をたくさん食べられるので、いろいろな野菜の栄養がたっぷり摂れます。油を加えたドレッシングをかける必要もなく、その分、ヘルシーです。

サラダは作りおきが難しいものですが、即席漬けにすればほとんどのものが2～3日は保存でき、常備菜としての役割も果たしてくれます。それに、思い立ったらすぐに準備できるのもメリット。冷蔵庫にある食材や使いきれない野菜を、手近な調味料を使って有効活用しましょう。

漬けものは調味料です

漬けものには、塩味や酸味、うま味がついているので、漬けもの自体が調味料になります。野菜という素材の味や食感も加わるので、いろいろな料理にアレンジしやすく、しかも手早く簡単にできます。

たとえば、ぬか漬けは風味を生かしたあえものに、梅干しは青魚を煮るときの酸味づけに。山菜や香味野菜の漬けものは、薬味やつけだれにすると、食がすすみます。炊き込みごはんやチャーハンにしてもおいしそうです。こんなふうに、ごはんやほかの食材と合わせると、味にバリエーションがついて、得意料理の幅がぐっと広がります。

第3章

季節を楽しむお漬けもの

春は枯れ草の中から顔を出す山菜、
夏には活力を与えてくれる香味野菜を漬けて、季節の香りを保存します。
秋の漬けもの仕事は少しお休みですが、冬には大根や白菜がおいしくなるので、
また忙しくなり、野沢菜やたくあん漬けなど、長期保存する漬けもの作りに追われます。
こんなふうに、漬けものはもともと季節の恵みを長く楽しむために工夫されたもの。
暮らしが季節とともにあることの幸せを、漬けもの作りを通して味わってみませんか?

春

ふきの塩漬け

細めの山ぶきを使い、皮をむかずに長いまま30%の塩で漬け、長期保存用に。塩分で発酵したうま味が調味料代わりにも。

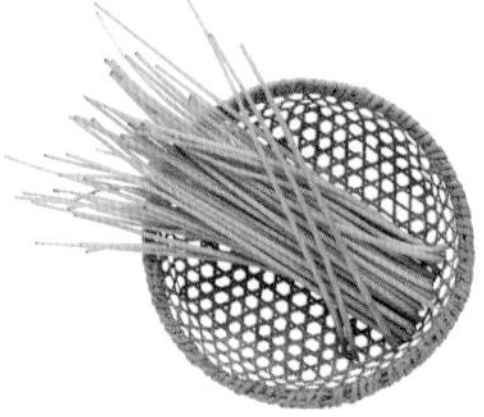

材料（作りやすい分量）

山ぶき（茎）…600g

塩…180g（山ぶきの30%）

［【容器容量】**3ℓ**

【保存期間】**常温1年**］

作り方

1 容器にやまぶき⅓量を入れて塩¼量をふる。これを2回繰り返し、最後に残りの塩を全体にふる。

2 2kgの重石をのせ、常温で1か月おけば完成。

3 重石を半分の重さに減らして、ふたをし、常温で保存する。食べるときは、水に6時間ほどつけて塩抜きする。

アレンジ

塩分が強いので、塩抜きしてから使用。適当な長さに切って、厚揚げや干し大根とともに煮ものに。おこわごはんの具、酢のものにしても美味。

わらびの塩漬け

ふきと同様、長いまま30％の塩漬けに。
水で戻せばアクも消え、うま味がじんわり。
一年中、山菜の味と香りが楽しめます。

材料（作りやすい分量）
わらび…1.4kg
塩…420g（わらびの30%）

【容器容量】**6ℓ**
【保存期間】**常温1年**

作り方

1 容器にわらび⅓量を入れて、塩¼量をふる。

2 わらび⅓量を井桁状になるように入れて、再度塩¼量をふる。残りのわらびを入れ、最後に残りの塩を全体にふる。

3 押しぶたをのせ、4kgの重石をのせる。常温で1か月おけば完成。重石を半分の重さに減らして保存する。食べるときは、水に6時間ほどつけて塩抜きをする。

アレンジ
水につけて塩抜きし、食べやすく切って、おひたしや酢のものに。身欠きにしんや干しほたるいかとの煮ものは、信州の郷土料理。

ふきのとうの昆布だしじょうゆ漬け

ほろ苦いふきの持ち味を生かすために、しょうゆに昆布だしを加えて漬け込みます。かめばふわっといい〜い香りが！

材料（作りやすい分量）

ふきのとう…150g
塩…3g（ふきのとうの2%）
しょうゆ…100㎖
切り昆布…10g
水…100㎖

【容器容量】**1ℓ**
【保存期間】**冷蔵6か月**

作り方

1 ふきのとうをボウルに入れる。塩をふってよくもみ込む。500gの重石をのせ、8時間ほどおく。

2 **1**の水けをしっかりしぼり、容器に入れて、しょうゆを注ぐ。

3 鍋に昆布と水を入れて、ひと煮立ちさせる。これを昆布ごと**2**に入れ、ふたをして冷蔵室に入れる。2〜3日後、ふきのとうがしょうゆ色に染まったら完成。

アレンジ

そのまま食べてもいいけれど、刻んでほかの食材と合わせると、風味が際立つ。湯豆腐やめん類の薬味に、ごはんやあえものにのせて。

のびるのしょうゆ漬け

根元に小さな球をつけている小ねぎの仲間。
辛味や苦味をしょうゆでうま味に変え、
おいしい調味料として利用します。

材料（作りやすい分量）
のびる…100g
しょうゆ…100mℓ

【容器容量】**0.5ℓ**
【保存期間】**冷蔵1か月**

作り方

1 のびるは小口切りにする。根元の白い球は形が残るように切る。ボウルに入れ、しょうゆを回しかけ、菜箸で混ぜて全体になじませる。

2 **1**を容器に入れて500gの重石をのせ、常温で8時間おけば完成。その後は、冷蔵室で保存する。

アレンジ
お酒やごはんのお供に、冷ややっこ、ゆで野菜のトッピングに。チャーハンや炒めものの味つけに。お酢を加えて、揚げもののたれにも合う。

せりの塩漬け

軽やかな歯ごたえ、ほのかな苦味も
春の恵み。根つきの長いまま塩漬けにし、
いろいろな料理に香りをつけましょう。

材料（作りやすい分量）
せり…350g
塩…10g（せりの3%）

【容器容量】**2ℓ**
【保存期間】**冷蔵1か月**

作り方

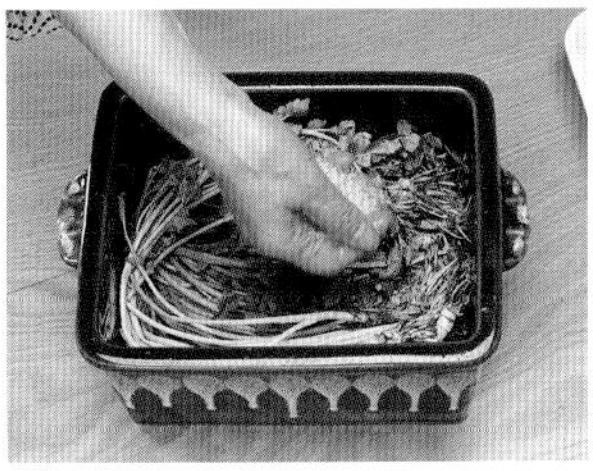

1 せりは根つきのままUの字に曲げて、平になるように容器に重ね入れる。塩を全体にふりかける。

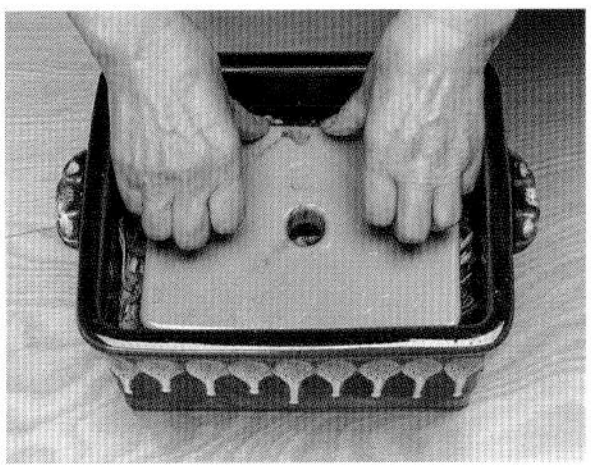

2 押しぶたをし、1.5kgの重石をのせて常温で8時間おく。水が上がって、しんなりしたら完成。その後は、保存袋に入れて冷蔵室で保存する。

アレンジ
塩分を入れない汁ものに散らし、香りを立たせる。かき玉汁や雑煮にも。大根や魚介類とのあえものにも、切って混ぜるだけで塩分不要。

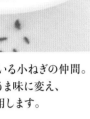

菜の花のからし漬け

からしじょうゆであえて、寝かせるから
菜の花の辛味や苦味がまろやかに。
しんなりした食感も口にやさしい！

材料（作りやすい分量）
菜の花…200g
粉がらし…小さじ½
薄口しょうゆ…大さじ2

【容器容量】**0.5ℓ**
【保存期間】**冷蔵3日**

作り方

1 菜の花は熱湯でさっとゆで、ざるに上げる。バットに広げ、しょうゆと粉がらしを混ぜたものを回しかけ、味をなじませる。

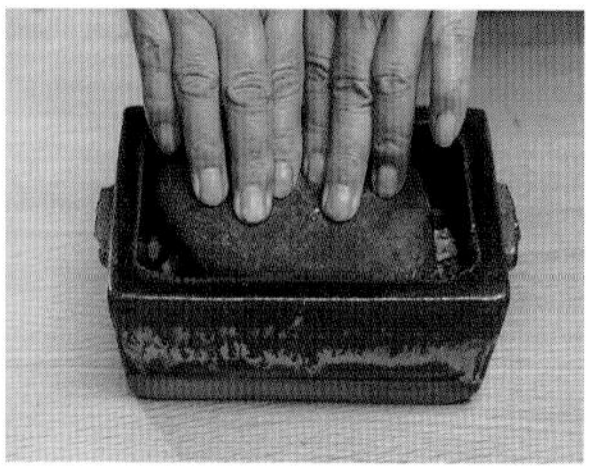

2 **1**を容器に入れて1kgの重石をのせ、常温で8時間おけば完成。その後は冷蔵室で保存する。

アレンジ
ごはんにのせたり、混ぜたり。いかやささみとあえても、さっぱりしたおいしさ。焼き魚や肉のソテーに添えてもいい。

菜の花の昆布漬け

昆布に包んで漬けることで、うま味をまとい、
おひたしとはまた違う、コクのある食味に。
保存性もアップします。

材料（作りやすい分量）
菜の花…400g
塩…8g（菜の花の2%）
昆布…13×30cm1枚

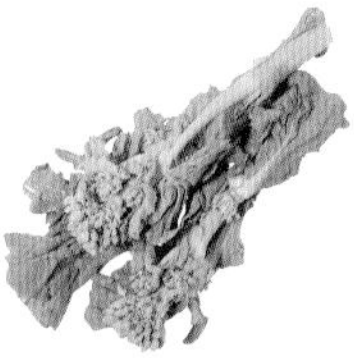

【容器容量】**0.5ℓ**
【保存期間】**冷蔵3日**

作り方

1 菜の花は熱湯でさっとゆで、ざるに上げる。昆布は酢適量（分量外）で湿らせたふきんで表面をふき、やわらかくしてから、U字形に容器に敷き、塩をふりながら菜の花を重ね入れる。

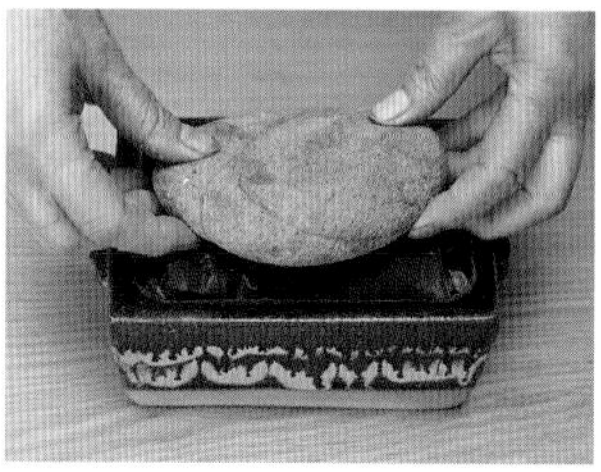

2 容器から出した昆布を折りたたんで菜の花を包むようにし、1.2kgの重石をのせる。常温で8時間おき、味がなじんだら完成。その後は冷蔵室で保存する。

アレンジ
短めに切って、混ぜごはんやちらしずしに。彩りもよく、味のバラエティーも豊かに。菜種油でさっと炒めてもよい。

たけのこのみそ漬け

たけのこも春の季節ならではの食材。みそをまぶしておくと日持ちがし、コクやうま味が浸透します。みそごと食べられるのがうれしい！

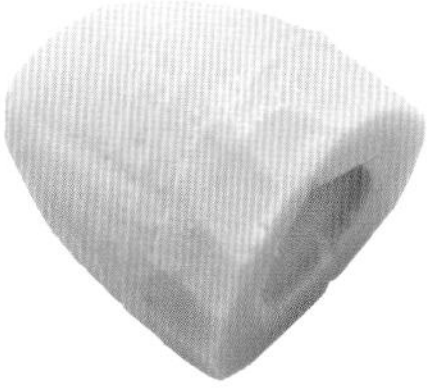

材料（作りやすい分量）

ゆでたけのこ…1本（200g）
みそ…大さじ2弱

［【保存期間】**冷蔵5日**］

作り方

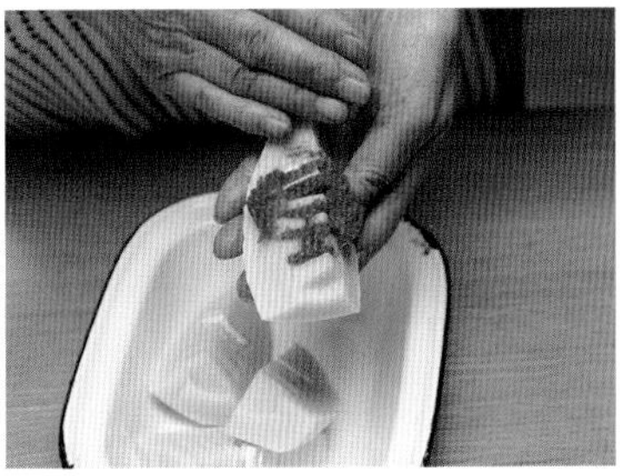

1 たけのこは縦に4等分し、切り口にみそを塗る。

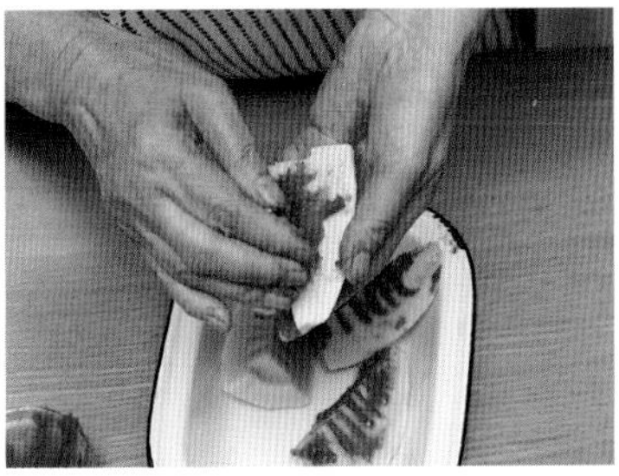

2 たけのこの節の間にもしっかりみそを入れていく。

3 元のたけのこの形になるように切り口同士をくっつける。ラップで包み、冷蔵室に入れて3時間以上おけば完成。食べやすく切り、みそごと食べる。

アレンジ

そのままカットしてみそ汁の具に（みそ汁のみそは控えめにする）。みそをつけたまま油揚げや麩とともに煮ものに、みそ炒めにも。

夏

山椒のしょうゆ漬け

山椒の実は、流水でよく洗います。
ビリッとくる辛味と
しょうゆのコンビが絶妙です。

材料（作りやすい分量）

山椒の実…250g
しょうゆ…300mℓ

【容器容量】**0.6ℓ**
【保存期間】**冷蔵6か月**

作り方

1 山椒の実は流水でよく洗い、さらしの布をかけたざるにあけ、水けをふく。

2 容器に山椒の実を入れ、しょうゆを注ぐ。ふたをして冷蔵室に入れる。1週間おけば完成。

アレンジ

そうめんの薬味、冷ややっこや湯豆腐、うなぎのトッピング、おしるこの口直しなど、香りと辛味で料理の味を引き締めたいときに最適。

山椒のしょうゆ糀漬け

うま味のあるしょうゆ糀に混ぜ、発酵の力でまろやかに。しょうゆ糀ごといただきます。

材料（作りやすい分量）

山椒の実…100g
しょうゆ糀
- 糀…200g
- しょうゆ…300g

【容器容量】**1ℓ**
【保存期間】**冷蔵6か月**

アレンジ

このまま食べても、ごはんにかけても美味。肉料理にからめたり、炒めものの調味料に使うと、香りや甘味が加わる。

作り方

1 しょうゆ糀を作る。ボウルにパラパラにほぐした糀としょうゆを入れ、1日に1〜2回かき混ぜながら常温で3日ほどおく。

2 山椒の実は流水でよく洗い、さらしの布をかけたざるにあける。水けをふき、**1**と混ぜる。容器に入れ、ふたをして冷蔵室に入れる。1週間おけば完成。

山椒の酒粕漬け

酒粕の甘い香りと深い風味で、山椒の刺激がやわらぎます。焼くと香ばしい匂いが！

材料（作りやすい分量）

山椒の実…100g
酒粕…250g
砂糖…大さじ5
塩…小さじ2

【容器容量】**0.8ℓ**
【保存期間】**冷蔵6か月**

アレンジ

生野菜やゆで野菜のディップに。香ばしく焼いて、魚料理に添えたり、直接魚や肉に塗って焼いても。白あえなどの隠し味にも好適。

作り方

1 ボウルに酒粕を入れ、砂糖と塩を加えてよく混ぜ、酒粕床を作る。

2 山椒の実は流水でよく洗い、さらしの布をかけたざるにあける。水けをふき、酒粕床に入れて混ぜ、容器に入れ、ふたをして冷蔵室に入れる。1週間おけば完成。

山椒のみそ漬け

コクのあるみそとも相性よし。少し甘めのみそ床と混ぜて熟成。特製調味料として活用して！

材料（作りやすい分量）

山椒の実…100g
みそ…200g
砂糖…大さじ3

【容器容量】**0.6ℓ**
【保存期間】**冷蔵6か月**

アレンジ

豆腐やこんにゃく田楽のたれに。みそごと汁に入れて、みそ汁にしてもよく、鍋ものや湯豆腐の、みそ風味つけだれとしても。

作り方

1 みそに砂糖を加えてよく混ぜ、みそ床を作る。山椒の実は流水でよく洗い、さらしの布をかけたざるにあける。水けをふき、みそ床と混ぜる。

2 容器に入れ、ふたをして冷蔵室に入れる。1週間おけば完成。

しその実のしょうゆ漬け

プチプチした食感と、
さわやかな香りがたまりません。

材料（作りやすい分量）
しその実…100g
しょうゆ…100mℓ

【容器容量】**0.5ℓ**
【保存期間】**冷蔵6か月**

作り方

1 しその実をつけた茎を指先でしごき、実をはずしてボウルに入れる。これを水洗いしてざるに上げ、水けをふく。

2 **1**にしょうゆを入れて混ぜ、容器に入れて、ふたをする。冷蔵室に入れ、1週間おけば完成。

アレンジ
ごはんのお供に、冷ややっこのトッピングに。大根やめかぶとあえたり、白菜の漬けものに散らすのも味のアクセントに。

青じその甘酢じょうゆ漬け

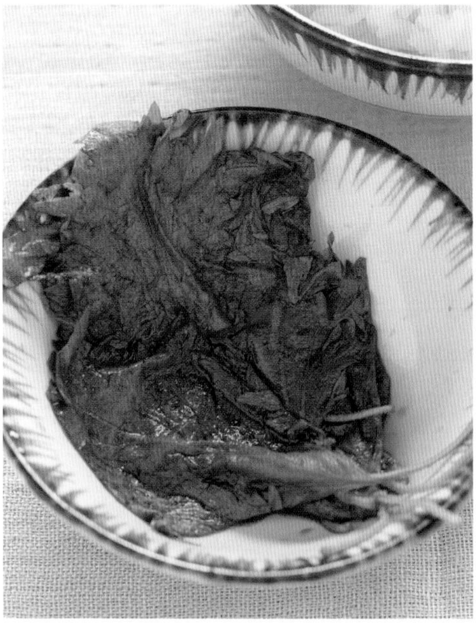

スーッとする香りを持つ青じそを
甘酢じょうゆに漬けてしんなりさせます。

材料（作りやすい分量）
青じそ…70枚（50g）
甘酢
- 酢…大さじ1
- 水…20mℓ
- 砂糖…大さじ½
- 塩…小さじ⅓弱

しょうゆ…100mℓ

【容器容量】**0.5ℓ**
【保存期間】**冷蔵2週間**

作り方

1 青じそは10枚くらいずつ重ねておき、容器に詰めていく。

2 **1**に甘酢としょうゆを入れ、青じそが浮かないように軽い重石（約450g）をして常温で1時間以上おけば完成。その後は冷蔵室で保存する。

アレンジ
葉を広げて、ごはんを包んだり、おにぎりに巻いたり。細切りにして混ぜごはんに、刻んであえものに入れたり、隠し味にも。

新しょうがの赤じそ漬け

夏に出回る新しょうがは、
同じ時期にとれる赤じそで染めて、紅しょうがに。
すっきりしたあと口がなんともさわやか！

材料（作りやすい分量）

新しょうが…1kg
塩…20g（しょうがの2％）
赤じそ…200g
さしす梅酢*…800mℓ

*p.27参照
さしす梅酢がなければ、甘酢（酢600mℓ、砂糖150g、塩15g）で代用する。

【容器容量】**2ℓ**
【保存期間】**常温1年**

作り方

1 しょうがは1かけずつに割り、皮つきのまま洗って水けをふく。ボウルに入れて塩をふり、よくまぶす。

2 1kgの重石をのせて、8時間ほどおく。

3 赤じそに塩大さじ1（分量外）をふってもみ、汁けをしぼる。これを2回繰り返す。容器に赤じそとしょうがを交互に入れ、さしす梅酢を注ぐ。ふたをして常温で1～2週間おき、紅色に染まれば完成。

アレンジ

のり巻きやちらしずし、いなりずしの具、焼きそばのトッピングに。ほかの漬けものに混ぜて辛味をつけたり、あえものの材料にも。

福神漬け

根菜類と夏野菜で作る、ぜいたくな漬けもの。
塩水漬けにしてから干し、調味料で漬けます。
いろいろな食感や味が一度に楽しめます。

作り方

1 大根、れんこん、にんじん、なすはいちょう切りに、きゅうりは輪切りに、みょうがは縦半分に切り、ピーマンは種を取って輪切りにする。これをボウルに入れて塩水を加え、1時間ほどおく。水けをしぼってざるに広げ、2〜3時間、天日に干す。

2 干した野菜をボウルに入れ、酢を入れて混ぜ、汁けをしっかりしぼる。

3 容器に入れてしょうゆとみりん、砂糖を加えて全体をまんべんなく混ぜる。ふたをし、常温で30分ほどおき、味がなじんだら完成。その後は冷蔵室に入れ、ときどき上下を返して、味を均等にする。

材料（作りやすい分量）

大根…10cm（200g）
れんこん…1節（150g）
にんじん…1本（150g）
なす…2本（100g）
きゅうり…1本（100g）
みょうが…3個（50g）
ピーマン…2個（50g）
塩水
- 水…1ℓ
- 塩…30g

酢…100mℓ
しょうゆ…100mℓ
みりん…大さじ4
砂糖…10g

【容器容量】**1ℓ**
【保存期間】**冷蔵10日**

アレンジ

カレーライスのつけ合わせのほか、混ぜごはんの具、豆腐とあえてすりごまを加え、白あえに。レタスなどのサラダのトッピングにも。

みょうがのからし漬け

からしを甘めの調味液で溶き、漬け込みます。
酸味と辛味が溶け合って、食がすすむ味に。
日持ちがするので、ぜひ作りおきを！

材料（作りやすい分量）

みょうが…500g
塩…15g（みょうがの3%）

A
- 粉がらし…20g
- 砂糖…80g
- 酒…50mℓ
- 酢…40mℓ

【容器容量】**2ℓ**
【保存期間】**6か月**

作り方

1 みょうがは塩をまぶして1時間ほどおき、しんなりさせて手でしぼり、ボウルに入れる。**A**を混ぜてよく溶かし、ボウルに加え、混ぜ合わせる。

2 押しぶたをし、1.5kgの重石をのせて常温で8時間おく。容器に入れてふたをし、冷蔵室に入れる。3日おけば完成。

アレンジ
細切りにして、夏野菜といっしょにあえものやサラダに。刻んで豆腐やゆで野菜の薬味に、混ぜごはんや炒めものの味つけに。

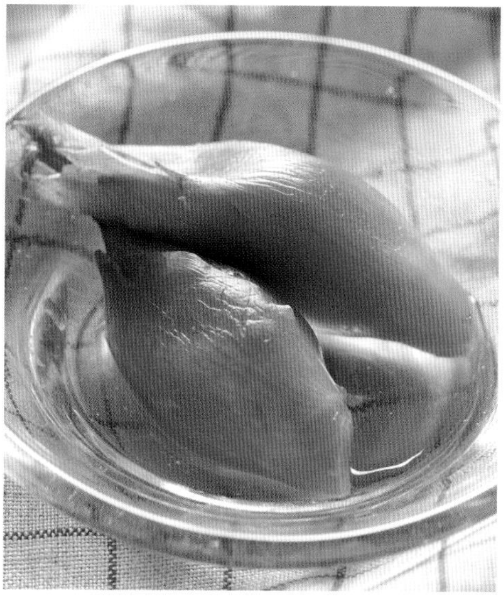

みょうがの甘酢漬け

さわやかな香りとシャキッとした食感が
長続きするみょうがの漬けもの。
酢の作用で赤みを帯びた色がきれいです。

材料（作りやすい分量）

みょうが…300g
酢…75mℓ
砂糖…大さじ2½
塩…小さじ1
水…100mℓ

【容器容量】**1ℓ**
【保存期間】**6か月**

作り方

1 みょうがは、熱湯で30秒ほどゆでて水をきる。ボウルに入れたら、熱いうちに酢を回し入れる。砂糖と塩、水を入れてよく混ぜる。しばらくすると、赤く変色してくる。

2 容器に入れ、ふたをして冷蔵室に入れる。8時間おけば完成。

アレンジ
半分に切ってにぎりずしのたねに、細切りにしてあえものの具に。輪切りにして豆腐や納豆の薬味にしても。

菊の花の甘酢漬け

秋を彩る菊の花は、甘酢漬けにすると
特有なにおいが気にならず、色落ちもしません。
箸休め、口直しにぴったり。

材料（作りやすい分量）

菊の花…100g
甘酢
- 酢…30mℓ
- 水…40mℓ
- 砂糖…大さじ1
- 塩…小さじ½強

【容器容量】**0.3ℓ**
【保存期間】**冷蔵1週間**

作り方

1 菊の花は花びらをがくからはずし、熱湯でさっとゆでる。ざるに上げて流水をかけて冷まし、水けをしぼる。

2 **1**を容器に入れて、甘酢を注ぎ、ふたをする。冷蔵室に入れ、1時間おけば完成。

アレンジ
ちらしずしの具、大根やきゅうりとあえた酢のもの、焼き魚のつけ合わせ、サラダのトッピングにも。

わさびの葉のだしじょうゆ漬け

ツンとくるわさびの香りを、煮干しのだしと
合わせてうま味を出しました。
茎の歯ごたえがシャキッと軽快。

材料（作りやすい分量）

わさびの葉…200g
砂糖…大さじ1
水…200mℓ
煮干し…4g
A
- みりん…50mℓ
- 薄口しょうゆ…50mℓ

【容器容量】**0.5ℓ**
【保存期間】**冷蔵5日**

作り方

1 わさびの葉は2㎝長さに切り、花はつまみ、ボウルに入れる。砂糖も入れてよくもみ、香りを出す。

2 鍋に水、煮干しを入れて、沸騰したら**A**を加える。これを**1**に注ぎ、混ぜ、容器に入れる。ふたをして1時間おけば完成。その後は冷蔵室で保存する。

アレンジ
刺身や焼き魚の添えもの、貝柱など生の魚介と合わせたあえものに。漬け汁も加えてお茶漬けに、ごはんのお供に。

秋

干し柿のゆずみそ漬け

干し柿の甘みに、みそのコクや風味をプラス。
ゆずの香りもあいまって、とろけるおいしさ。
和菓子代わりのお茶請けに！

材料（干し柿2個分）

干し柿…2個（100g）
みそ…小さじ2
ゆずの皮…少々

［【保存期間】**常温2週間**］

作り方

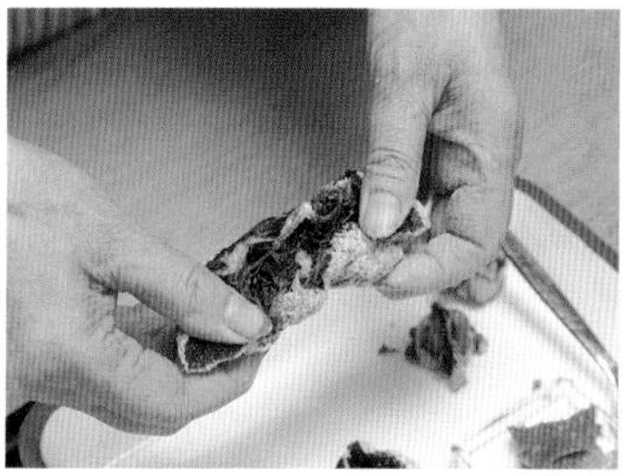

1 干し柿はヘタを切り落とし、縦に1本切り込みを入れて開き、種を取り除く。

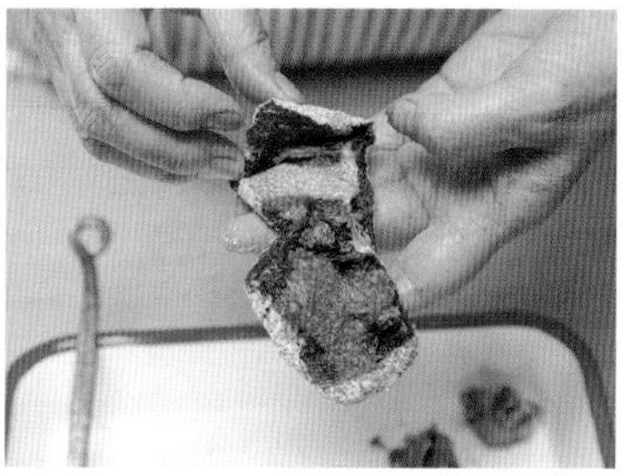

2 干し柿の内側にみそを塗る。ゆずの皮をのせ、端からくるりと巻いていく。これを2個作る。

3 **2**をラップに包み、形を整えて常温で8時間おけば完成。ひと口大に切って器に盛る。

アレンジ

薄切りにしてスライス大根にはさみ、おつまみに。小さく刻んで野菜のあえものや、サラダの具に。煮魚の甘みづけにも。

冬

ビーツのはちみつ漬け

すりおろし、はちみつを加えて火を通せば、
ビーツの土臭さが消え、なめらかなジャム風に。
食卓に彩りを添えてくれます。

作り方

1 ビーツは皮をむいて、おろし金ですりおろす。

2 鍋に**1**を入れてはちみつを加え、よく混ぜる。弱火にかけて、混ぜながらゆっくり火を通す。最後にレモン汁を加える。

3 容器に詰めてふたをし、常温で1時間ほどおき、味がなじんだら完成。その後は冷蔵室で保存する。

材料（作りやすい分量）

ビーツ…1個（200g）
はちみつ…大さじ3
レモン汁…大さじ1

【容器容量】**0.3ℓ**
【保存期間】**冷蔵2週間**

アレンジ

パンや焼き菓子につけるジャム代わりに、サンドイッチにしても。チャツネの代わりにカレーに入れると、甘みがつく。

かぶの千枚甘酢漬け

大きめのかぶを使って、千枚漬け風に。スライサーでごく薄切りにするのが肝心。しんなりした食感にゆずの香りがからみます。

作り方

1 かぶは葉を少し残して切り落とす。皮つきのままスライサーで薄い輪切りにする。

2 **1**に塩をふり、中まで塩がいきわたるように、上下を返しながらまぶす。30分ほどおき、水が出てきたらしっかりしぼる。

3 細切りにしたゆずの皮1切れをかぶ1枚にのせ、2つに折りたたむ。容器に並べ入れ、甘酢をかけてふたをする。1時間ほどおけば完成。その後は冷蔵室で保存する。

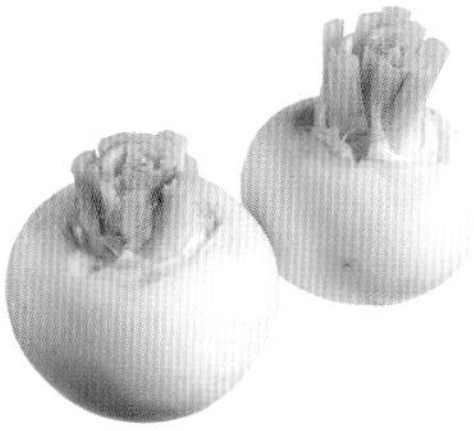

材料（作りやすい分量）

かぶ…大2個（300g）
塩…小さじ1（かぶの2%）
甘酢
- 酢…大さじ1
- 水…20mℓ
- 砂糖…大さじ½
- 塩…小さじ⅓弱

ゆずの皮…½個分

【容器容量】**0.5ℓ**
【保存期間】**冷蔵10日**

アレンジ

白身魚の刺身と交互にはさんで、お造り風に。れんこんやにんじんを薄切りにしてさっとゆで、いっしょに甘酢漬けにしても。

私の大切な漬けもの仕事の中に、一年に一度、漬けもの小屋で
大量に仕込む、昔ながらの伝統的なお漬けものがあります。
なかでも自慢なのが、たくあん、奈良漬け、野沢菜漬け。
信州・木曽で教えていただいた、すんき漬けもご紹介しましょう。

たくあん漬け

たくあん漬けには干し大根を使いますが、今年は
信州でとれる戸隠地大根や紅芯大根といった
小ぶりで堅い大根を使い、
干さずに漬けました。
漬け床は、ぬかと塩、砂糖をベースにして
昆布と唐辛子を加えたもの。
これに私は、乾燥させたなすの葉と柿の皮を入れ、
風味と甘味を出しています。
そして、血糖値を下げると話題の菊いもも
いっしょに漬けて、ポリポリといただきます。
ほどよい酸味が口にもおなかにもやさしく、
お茶のお供にすれば、箸が止まらないおいしさ！
12月初めに漬ければ、年明けから初夏まで食べられ、
ぬかごと冷凍保存すれば、さらに長く楽しめます。

材料（作りやすい分量）
大根（戸隠地大根）…10kg
紅芯大根…6kg
菊いも…4kg
米ぬか…4kg
塩…1.6kg
砂糖…2.5kg
なすの葉（乾燥）…100g
柿の皮（乾燥）…400g
赤唐辛子…20本
昆布…5cm長さ10枚

【容器容量】**30ℓ**
【保存期間】**冷暗所6か月**

漬け方

1 大根、紅芯大根、菊いもはきれいに水洗いし、ざるに上げる。紅芯大根を小さいものはそのまま、大きいものは2つに割る。

2 容器の底にぬか適量を敷き、塩適量をふる。大根と紅芯大根適量をなるべくすき間がないように並べる。

3 ぬかと塩、砂糖各適量をふり入れる。再度、大根と紅芯大根各適量を加え、ぬかと塩、砂糖各適量をふり入れる。

4 なすの葉、柿の皮、赤唐辛子各適量をパラパラと広げ入れ、昆布も加えて、さらに**3**を繰り返す。

5 菊いもを加え、ぬかと塩、砂糖各適量をふり入れる。

6 残りの大根と紅芯大根を加えて、残りのなすの葉、柿の皮、赤唐辛子を、全体をおおうように入れる。

7 最後はぬかで表面をおおい、押しぶたをする。

8 重石を2〜3個、全部で60kgくらいになるように重ねてのせる。15日くらいで水が上がってきたら重石を半量にする。その後1か月おけば完成。

奈良漬け（白瓜の酒粕漬け）

銘酒の産地・奈良で生まれた奈良漬け。
清流に恵まれた信州にも酒蔵が多く、
当然酒粕も豊富にあるので、
酒粕漬けである奈良漬けはよく作ります。
夏に収穫する白瓜を大量に購入、
半分に切って種をかき出し、まず塩で下漬けします。
下漬けすることによって水分が出て、
酒粕が浸透しやすくなるからです。
本漬けは、酒粕のアルコール分が抜けないように
陶器のかめやホウロウの容器で。
瓜の並べ方にもコツがあります。
酒粕を瓜のくぼみに入れたら、
かめなどの容器に下向きに詰めて重ねていきます。
2週間くらいで歯ごたえのよい若漬けが食べられ、
時間がたてばたつほど茶色っぽくなり、
食卓に豊かな香りを漂わせてくれます。

材料（作りやすい分量）

白瓜…14kg

下漬け用

［塩…1.4kg（白瓜の10%）

本漬け用酒粕床

- 酒粕…10kg
- 砂糖…1.2kg
- 塩…90g

【容器容量】18ℓ
【保存期間】冷暗所1年

下準備

1 瓜は上下を少し切り落とし、縦半分に切る。

2 スプーンなどで、種とワタを残らないようにきれいにかき出す。

下漬け

1 瓜のくぼみに塩適量を入れ、切り口全体に塗りつける。

2 切り口を横に向けて、瓜の背と腹が重なるようにして容器に詰めていく。

3 全部を詰め終わったら表面に塩をふる。容器から瓜がはみ出ていても、重石で沈むので大丈夫。

4 押しぶたをして40kgの重石をのせ、一昼夜おくと、水が上がってくる。

本漬け

5 瓜を取り出し、ふきんで水けをよくふきながら、ボウルなどに移す。

6 酒粕と砂糖、塩を混ぜて酒粕床を作る。容器の底に酒粕床適量を敷き、瓜のくぼみに酒粕床適量を入れて容器に詰めていく。

7 最後に残りの酒粕床で表面をおおってならす。

8 容器に紙ぶたをかぶせ、ひもでしばって冷暗所に置いておく。2週間後から食べられるが、味がなじむのは1か月後から。

野沢菜漬け

野沢菜といえば信州の名産ですが、正確には
長野県北部の野沢温泉村で栽培される葉野菜です。
私たちは「お菜っ葉」と呼び、親しんできました。
同様の漬け方をする菜っ葉に、稲こき菜、
はびろ菜、源助かぶ菜というのがあり、
いずれも長野の伝統野菜です。
野沢菜は、一度霜に当てたほうがおいしいので、
本格漬けは12月の頭ごろに行います。
私はひと樽に20kg漬け、その作業を2〜3回繰り返します。
外で樽を洗うところから始め、
野沢菜を洗い、漬けていく作業は大仕事ですが、
漬け上がりのおいしさを思うと、心が弾みます。
時間の経過により、緑色から徐々に琥珀色になり、
発酵味が口に広がるおいしさに!
冬から春にかけて、そのときどきで変化する味が
楽しめるのも、野沢菜漬けの醍醐味です。

材料（作りやすい分量）

野沢菜…20kg
塩…600g（野沢菜の3%）
赤唐辛子…40g

【容器容量】**36ℓ**
【保存期間】**冷暗所6か月**

下準備

1 樽に水を張って、野沢菜を洗う。根元の葉の間を広げて、泥をきれいに落とす。

2 容器（桶）に酢400mℓ（分量外）をかけて、消毒する。

漬け方

1 根元が堅いので、均等に漬かるように、後ろから十文字の切り込みを入れる。

2 野沢菜を容器の底に並べて塩適量をふる。葉先と根のほうを互い違いにして重ね、塩をふる。これを繰り返す。

3 途中で赤唐辛子適量を、パラパラとふり入れる。

4 野沢菜をどんどん重ねていき、そのたびに塩適量をふる。

5 野沢菜がいっぱいになってきたら、両手で体重をかけてギュッギュッと押す。

6 最後に残りの塩を多めにふりかけ、残りの赤唐辛子もふり入れる。

7 表面を平らにならし、落としぶたをする。

8 60kgの重石をのせ、1週間くらいたって水が上がってきたら重石を半量にする。10日後くらいから食べられる。

すんき漬け

御嶽山の麓にある木曽谷に伝わるすんき漬けは、
ほどよい酸味と特有の風味を持つ、お漬けもの。
塩を使わずに、すでにできあがったすんき漬けを
たねとして加え、乳酸菌発酵させて作ります。
原料は木曽のそれぞれの地域でとれる、
開田かぶ、王滝かぶ、三岳黒瀬かぶといった、赤かぶ。
開田かぶのすんき漬け名人・野口廣子さんを訪ね、
作り方を教えていただきました。
まず、かぶ菜を小さく切ってお湯に通し、
ビニール袋に入れてたねを混ぜ込み、1日保温。
漬けてから30分以内の温度が味の決め手なので、
低すぎず、高すぎない温度になるように注意し、
上手に発酵を促します。このすんき漬けの汁
1mℓの中に、なんと1億個の乳酸菌がいると聞き、
すんき漬けの実力を思い知らされました。
塩不使用、食物繊維もたっぷりの健康食です。

材料（作りやすい分量）

赤かぶ（葉つき）…3kg
すんき漬け…300g

＊すんき漬けのかぶは8月末から9月にかけて種をまき、畑で育てる。冬に使うものはビニールハウスで育て、10月の終わりから1月半ばまで収穫する。収穫するときに、かぶの部分を切り落とし、葉とかぶを別々にする。

【容器容量】**10ℓ**
【保存期間】**冷蔵6か月**

漬け方

1 葉は1.5〜2cm長さに切る。

2 葉のつけ根（赤い部分）も刻んで、**1**といっしょにざるに入れる。

3 鍋に60〜70℃の湯を沸かし、**2**をさっと通す。

4 発泡スチロールの箱にビニール袋をセットし、その中に**3**を入れる。

5 すでに発酵しているすんき漬けをたねとして加え、混ぜる。

6 ビニール袋の口をしばり、箱のふたを閉めて24時間保温し、発酵させる。3日ほどおけば完成。

＊木曽は冷涼なので、春の彼岸まで常温で保存できる。
＊すんき漬けの乳酸菌は、高めの45〜46℃で発酵する菌と、低い温度で発酵する菌が混在しており、できあがりには20種類以上の乳酸菌が含まれる。
＊かぶの部分は甘酢漬けやぬか漬けにする。

素材別索引

STAFF
デザイン／野澤享子（PYO）
撮影／カバー、表紙・澤木央子
本文・山浦剛典、澤木央子、寺岡みゆき
調理アシスト／伊藤由美子、相山洋子
校閲／滄流社
企画・取材／山中純子
編集／小田真一、上野まどか

横山タカ子 よこやま・たかこ

長野県在住、料理研究家。信州の郷土料理、行事食に造詣が深く、そこからヒントを得たオリジナルな家庭料理を考案。長野や東京で料理教室を開くほか、講演会などでも、その味と技を伝えている。NHK「きょうの料理」講師のほか、「ごごナマ」などにも出演。また、結婚以来、季節ごとの漬けもの作りを楽しみ、経験から生まれたおいしい漬け方を広めている。著書に『健康おかず作りおき』（主婦と生活社）、『四季に寄り添い暮らしかさねて』（信濃毎日新聞社）ほか多数。

横山タカ子のお漬けもの

著　者　横山タカ子
編集人　小田真一
発行人　倉次辰男
発行所　株式会社主婦と生活社
〒104-8357 東京都中央区京橋3-5-7
TEL03-3563-5321（編集部）
TEL03-3563-5121（販売部）
TEL03-3563-5125（生産部）
https://www.shufu.co.jp
製版所　東京カラーフォト・プロセス株式会社
印刷所　太陽印刷工業株式会社
製本所　共同製本株式会社

ISBN978-4-391-15464-1

落丁・乱丁の場合はお取り替えいたします。
お買い求めの書店か、小社生産部までお申し出ください。

Ⓡ本書を無断で複写複製（電子化を含む）することは、著作権法上の例外を除き、禁じられています。本書をコピーされる場合は、事前に日本複製権センター（JRRC）の許諾を受けてください。
また、本書を代行業者等の第三者に依頼してスキャンやデジタル化をすることは、たとえ個人や家庭内の利用であっても一切認められておりません。
JRRC（https://jrrc.or.jp/　eメール：jrrc_info@jrrc.or.jp
tel：03-6809-1281）

©TAKAKO YOKOYAMA 2020 Printed in Japan